J新書 04

夢を実現せよ、人を動かせ、創造せよ
世界のトップリーダー 英語名言集
BUSINESS

デイビッド・セイン
Daivid Thayne

佐藤　淳子
Sato Junko

Jリサーチ出版

はじめに

　本書は、世界のトップリーダー125人の名言を英語で紹介したものです。日本でもおなじみのビル・ゲイツ（マイクロソフト創業者）、カルロス・ゴーン（ルノーおよび日産自動車CEO）、ピーター・ドラッカー（経営・社会学者）、リチャード・ブランソン（ヴァージングループ会長）をはじめ、フランスの伝説的デザイナーとして知られるココ・シャネル、マイクロクレジットの普及でノーベル賞を受賞したバングラデシュのムハマド・ユヌスなど、世界各国の多彩な人物を取り上げました。

　また、日本ではあまりなじみがないかもしれませんが、アメリカにはモチベーショナル・スピーカーやサクセス・カウンセラーといった職業が存在します。レクチャーを行ったり、本を書いたりして、人々のやる気に火を点け、成功に導くことを仕事とする彼らの言葉も数多く収録しています。

　折しも本書を執筆中、サブプライムローンの破綻をきっかけにした金融危機がアメリカからヨーロッパ、そしてアジアや新興国にも波及する事態となり、グローバル化した経済は、国も企業も個人も飲み込み、大きく揺れ動くのだということを実感させられることとなりました。

　もちろん日本も、こうしたグローバル経済の中にあります。高度成長期

を支えた終身雇用制度は崩壊し、経営者と社員の関係は家族的なものからドライなものに変化してきました。金融危機のあおりで、輸出産業が大打撃を受け、非正規雇用労働者の契約解除が社会問題化したのはご承知の通りです。こうした混迷の時代、ビジネス界の先人たちの言葉に耳を傾ける意味は大きいと思います。

　世界のトップリーダーたちの言葉は、ユニークで、力強いメッセージにあふれています。英語特有の言い回しも楽しんでいただけることでしょう。200を超える名言の中から、ひとつでも心に響く言葉を見つけてもらえるなら、著者としてうれしい限りです。言葉はときに大きな力になります。逆境にあるとき、迷いを吹っ切りたいとき、大きな決断を迫られたとき、ぜひ彼らの言葉を思い出してください。

2009年1月　著者

CONTENTS

はじめに　　2

本書の利用法　　8

第1章　成　功　　Success　　9

Close-up　ビル・ゲイツ

◆その他の人々　ナポレオン・ヒル／ウィリアム・ボエッカー／コリン・パウエル／アルベルト・シュバイツァー／ジェームズ・アレン／セルゲイ・ブリン／デイヴィッド・マックロウ、ほか

第2章　夢　　Dreams　　21

Close-up　ウォルト・ディズニー

◆その他の人々　スティーヴン・スピルバーグ／ポール・ヴァレリー／ジョン・バリモア／ヘンリー・キッシンジャー／ルイ・パスツール／ベルヴァ・デイヴィス／ワシントン・アーヴィング、ほか

第3章　チャンス　　Opportunity　　31

Close-up　リチャード・ブランソン

◆その他の人々　ヘンリー・カイザー／トレイシー・ブリンクマン／マイケル・デル／アルバート・アインシュタイン／ヴィクター・キアム／ジョージ・バーナード・ショー、ほか

第4章　お　金　　Money　　41

Close-up　レイ・クロック

◆その他の人々　アンドリュー・カーネギー／マリー・ジャンヌ・リコボニ／ポール・クリセロー／デイヴィッド・ジェフェン／リンダ・イエーツ／スチュワート・ワイルド／ホセ・シルヴァ／スージー・オーマン／オプラ・ウィンフリー、ほか

第5章 リーダーシップ　　Leadership　　51

Close-up　ピーター・ドラッカー

◆その他の人々　ロバート・グリーンリーフ／ラルフ・ネーダー／ロザリン・カーター／フェイ・ワトルトン／ジョン・シーマン・ガーンズ／スティーブン・コヴィー／ケネス・ブランチャード／ウォレン・ベニス／ドゥワイト・アイゼンハワー／ロザベス・モス・カンター／トム・ピーターズ、ほか

第6章 やる気にさせる　　Motivating People　　63

Close-up　メアリー・ケイ・アシュ

◆その他の人々　ジム・ローン／ブライアン・トレイシー／J・W・マリオット・ジュニア／ジョージ・S・パットン／チャールズ・M・シュワブ／ディルバイ・アンバニ、ほか

第7章 決　断　　Decision Making　　75

Close-up　ヘンリー・フォード

◆その他の人々　アンソニー・ロビンズ／ロバート・キヨサキ／ディーパック・チョプラ／H・L・ハント／デニス・ウェイトレー／バックミンスター・フラー、ほか

第8章 困　難　　Difficulty　　85

Close-up　カルロス・ゴーン

◆その他の人々　ジェフ・ベゾス／ヴィンス・ロンバルディ／オグ・マンディーノ／ピーター・リンチ／ジグ・ジグラー／デューク・エリントン、ほか

第9章 創造性　　Creativity　　97

Close-up　ココ・シャネル

◆その他の人々　フランク・ザッパ／ウィリアム・ブレイク／チャールズ・ミンガス／ラルフ・ウォルド・エマーソン／シンシア・オジック／ノーマン・マックワース／ジョン・アップダイク／アルベルト・セント・ジョルジ、ほか

第10章　能力・資質　　　Ability　　　107

Close-up　マルコム・S・フォーブス

◆その他の人々　ルミ／ロバート・ハーフ／ジョージ・ルーカス／トーマス・エジソン／ポール・コフィ／アル・ハーシュフィールド／ドナルド・トランプ、ほか

第11章　行　動　　　Action　　　117

Close-up　リー・アイアコッカ

◆その他の人々　ウィル・ロジャース／セオドア・ルーズベルト／ベンジャミン・フランクリン／ヨハン・ヴォルフガング・フォン・ゲーテ／ボブ・プロクター／ジョエル・バーカー、ほか

第12章　態度・姿勢　　　Attitude　　　127

Close-up　ムハマド・ユヌス

◆その他の人々　オリバー・クロムウェル／タイガー・ウッズ／ノーマン・ヴィンセント・ピール／ヒュー・ダウンズ／アーノルド・ベネット、ほか

第13章　変　化　　　Change　　　137

Close-up　ジャック・ウェルチ

◆その他の人々　アンゲラ・メルケル／アンディ・ウォーホル／ジョン・F・ケネディ／ジョシュ・ビリングス／マヤ・アンジェロ／ロバート・P・ヴァンデルポール／マリオ・アンドレッティ／ルパート・マードック、ほか

第14章　時　間　　　Time　　　149

Close-up　スティーブ・ジョブズ

◆その他の人々　トーマス・J・ワトソン／エレノア・ルーズベルト／チャールズ・バクストン／M・スコット・ペック／オーヴィッド／グラディス・テイバー、ほか

第15章　失　敗	Failure	157

Close-up　ジョージ・ソロス

◆その他の人々　デール・カーネギー／エルバート・ハバード／ウィリアム・デュラント／メアリー・クレール・キング／ローレンス・ピーター、ほか

第16章　ビジネスモラル	Business Ethics	167

Close-up　キャサリン・オースティン・フィッツ

◆その他の人々　エイブラハム・リンカーン／ワンガリ・マータイ／ウィンストン・チャーチル／ジョン・ロックフェラー／マイケル・ブルームバーグ／ジョン・ウドゥン、ほか

参考文献	179
人名索引	180

本書の利用法

本書は世界のビジネスリーダー125人、212の英語名言を、Success（成功）、Dreams（夢）、Leadership（リーダーシップ）など、16のテーマに分けて収録しています。

● Close-upコーナーでは、発言者の経歴、言葉の背景、英語表現を詳しく解説しています。

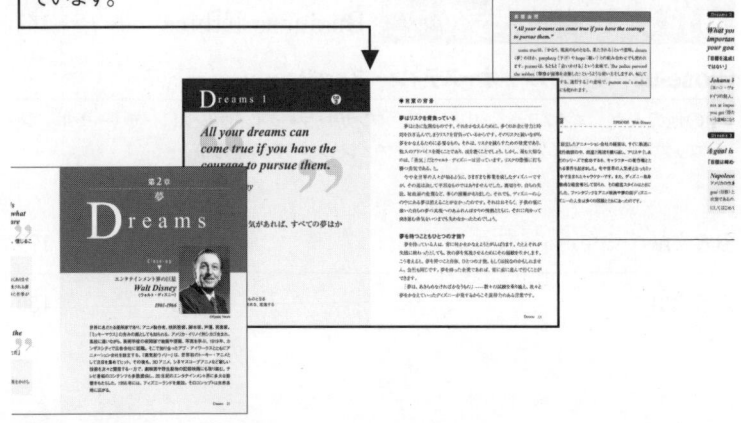

● その他の名言には、発言者の略歴と簡単な言葉の背景・解説が付いています。

◉ CDで耳から楽しむ

CDにはすべての英語名言が収録されています。耳でビジネスリーダーたちの言葉を堪能してください。

第1章

成功

Success

Close-up
▼

ソフト帝国を築いたIT界の天才
Bill Gates
（ビル・ゲイツ）

1955-

©時事

マイクロソフト社創業者。ワシントン州シアトル生まれ。地元の私立学校レイクサイド校でコンピュータの知識を深め、13歳からプログラミングを開始。ハーバード大学在学中の1975年、レイクサイド校で出会ったポール・アレンとともにマイクロソフト社を設立。翌々年、大学を中退。パーソナルコンピューター向けのソフトウエア開発を始める。IBMとオペレーティングシステム（OS）のライセンス契約を結ぶなどしてソフトウエア業界での地位を確立。1998年、独占禁止法違反でマイクロソフト社が提訴され、2000年に会社分割の裁定を受けるなど試練の時期が続くが、2001年、裁定は無効に。近年は、妻とともに設立したビル・アンド・メリンダ・ゲイツ財団を通じて慈善事業や社会奉仕に力を入れる。マイクロソフト社では、2008年6月より非常勤の会長。

Success 1

> *Success is a lousy teacher. It seduces smart people into thinking they can't lose.*

by Bill Gates

「成功は最低の教師である。賢い人間をだまして、失敗するわけないと思わせてしまう」

notes

lousy　最低の、最悪の、卑劣な、嫌な
seduce ～ into...　～をだまして…にする、～を…に引き込む

● 言葉の背景

昨日の成功者は今日の転落者

　成功は、どんな形にせよ誰もが望んでいるものでしょう。多くの人にとって、目指すべき輝かしい頂とも言えます。しかし、若くして成功を手に入れたビル・ゲイツがここで言及しているのは、成功のネガティブな面でした。成功には、実は恐るべき落とし穴があります。その証拠に、私たちは日々、「昨日の成功者が今日の転落者」の例をニュースで目にしているはずです。しかし、その落とし穴とはいったいどこにあるのでしょうか。

成功のカギは日々変化する

　落とし穴のひとつは、成功体験が、人に自信を与えすぎてしまうことにあります。一度うまくいった手法は、二度三度と使い回したくなります。失敗するわけがない、という思いにとらわれて、方針転換もできなくなるのです。

　しかし、時代が変化するなかで、実は成功のカギも変化しています。ゲイツが身を置いたITの世界はまさに日進月歩の最たる場所でした。今日の大人気ソフトウエアも、明日には別のソフトにトップの座を奪われる。そんな世界です。新しい問題にぶつかったら新しい解決策を探っていくしかありません。かつて成功した手を使って、なぜ通用しないのかと首を傾げるばかりでは、次の成功はおぼつかないでしょう。過去の成功に甘んじることなく、新たな解決策を探り続けること。成功を続ける人は、過去の栄光を忘れることに長けている人なのかもしれません。

英語表現

"Success is a lousy teacher. It seduces smart people into thinking they can't lose."

　lousyは「最悪な、嫌な、卑劣な」といったネガティブな意味で、会話でよく使う言葉です。たとえば、I had a lousy day.（最悪な1日だったよ）などと言います。seduce ～ into... は、「～をだまして…にしてしまう、～を誘惑して…に引き込む」といった意味。つまり、「lousy teacher」＝成功が、smart peopleを誘惑して、thinking they can't lose（失敗するわけがないと思う）状態にしてしまう＝臆病にしてしまう、ということ。「成功」は本来ポジティブな意味なのに、ずいぶんとネガティブな意味の単語が並んでいます。successを擬人化したユニークな表現です。

人物のエピソード　　EPISODE Bill Gates

成功を持続する力

　IBMとOSのライセンス契約を結び、ソフトウエア業界を席巻したゲイツですが、インターネットが急速に普及した1990年代、ブラウザソフトでは、新進のネットスケープ社に大きく遅れをとってしまいました。ウェブの重要性に気づくのが遅れたためです。しかし、ゲイツはそこから猛追を始めます。スパイグラス社からライセンス供与を受けたブラウザ技術を改良し、ほどなくインターネット・エクスプローラを発表しました。マイクロソフト社の積極的な買収作戦や、マーケットでの独占状態には批判もありますが、市場での優位を保つゲイツの能力の高さについては誰もが認めるところでしょう。

Success 2

One sound idea is all that you need to achieve success.

「成功に必要なのは、ひとつのしっかりしたアイデアである」

Napoleon Hill (ナポレオン・ヒル) *1883-1970*
アメリカの作家。成功哲学の祖。

soundは「健全な、しっかりした」という意味。つまり、「ひとつのいいアイデアさえあれば成功できる」ということです。成功哲学の祖といわれたヒルのシンプルな名言。進むべき道に迷ったら思い出したい言葉です。

Success 3

No man will succeed unless he is ready to face and overcome difficulties and prepared to assume responsibilities.

「困難に向き合って克服する準備も、責任を負う覚悟もなくして成功する人などいない」

William Boetcker (ウィリアム・ボエッカー) *1873-1962*
アメリカの宗教家、プロフェッショナル・スピーカー。

assume responsibilityは、「責任を負う」という意味です。

Success 4

> ***There are no secrets to success. Don't waste time looking for them. It is the result of preparation, hard work, and learning from failure, loyalty to those for whom you work, and persistence.***

「成功に秘訣などない。秘訣を探すことに時間を浪費してはいけない。準備、努力、失敗からの学習、仕える人への忠誠、粘り強さ、それらの結果が成功なのだ」

Colin Powell（コリン・パウエル）*1937-*
アメリカの政治家（元国務長官）、元軍人。

waste timeは「時間を無駄にする」ということ。 waste money（お金を浪費する）、waste resources（資源を無駄にする）といった使い方をします。

Success 5

> ***Before everything else, getting ready is the secret of success.***

「準備しておくこと。これが何よりの成功の秘訣である」

Henry Ford（ヘンリー・フォード）⇒ *p.75*

before everything elseは「何をおいても」ということ。get readyは「準備する」という意味です。

Success 6

If you have no critics you'll likely have no success.

「批判してくれる人がいなければ、成功もないだろう」

Malcolm S. Forbes (マルコム・S・フォーブス) ⇒ *p.107*

criticは「批判者、評論家」という意味です。誰しも人から批判などされたくはありません。批判は、人を臆病者にします。しかし、ときとして正しいものではない賞賛に対し、批判はおおむね正しいというのが現実。批判は、無視することも、そこからなにがしかの真実を見つけ、学ぶこともできます。

Success 7

Success is not the key to happiness. Happiness is the key to success. If you love what you are doing, you will be successful.

「成功は幸福のカギではない。幸福が成功のカギなのだ。自分のやっていることが好きなら、きっと成功するだろう」

Albert Schweitzer (アルベルト・シュバイツァー) *1875-1965*

フランスの医者、神学者、哲学者、音楽家。ドイツ生まれ。

what you are doingは、「仕事」と考えてよいでしょう。

Success 8

> *For true success ask yourself these four questions: Why? Why not? Why not me? Why not now?*

「真の成功を求めるなら、自分自身に4つの問いを投げかけてみるがいい。なぜなのか。なぜそうではないのか。なぜ自分ではないのか。なぜ今ではないのか」

James Allen (ジェームズ・アレン) *1864–1912*
イギリスの哲学者、作家。

Why not? には、「なぜ、そうではないのか」とともに「そうあってもいいはずだ」の意味合いもあります。Why not me? と Why not now? は「自分でもいいはず」「今であってもいいはず」というニュアンス。成功者を見て、あれが自分であってもいいはずだと考えることで、成功の可能性はぐんと増します。

Success 9

> *If you work with determination and with perfection, success will follow.*

「決意と完璧さをもって働けば、成功はついてくる」

Dhirubhai Ambani (ディルバイ・アンバニ) *1932-2002*
インド最大の財閥、リライアンス・グループの創業者。

ここでの determination は「やる気」に近いニュアンスです。

Success 10

"Whenever an individual or a business decides that success has been attained, progress stops."

「個人であれ、企業であれ、成功したと思えば、そこで進歩は止まる」

Thomas J. Watson (トーマス・J・ワトソン) *1874-1956*
IBM初代社長。

whenever A or Bで、「AであってもBであっても、常に」ということ。ここでは、「個人としても企業としても」という意味になります。

Success 11

"Honesty is the cornerstone of all success, without which confidence and ability to perform shall cease to exist."

「誠実さは、すべての成功の拠り所である。誠実さがなければ、物事を実行する自信も能力も消滅する」

Mary Kay Ash (メアリー・ケイ・アシュ) ⇒ *p.63*

成功のカギはひとつではありません。ただし、成功に不可欠な条件はあります。従業員のモチベーションアップに定評のあったアシュは、最も大切な要素はhonesty（誠実さ）だと言っています。

Success 12

> *People become really quite remarkable when they start thinking that they can do things. When they believe in themselves they have the first secret of success.*

「できると考え始めたとき、人は驚くべき力を発揮する。自分自身を信じるとき、人は成功への最初の秘訣を知る」

Norman Vincent Peale（ノーマン・ヴィンセント・ピール）
1898-1993 プロテスタントの伝道師。

believeの使い方には注意が必要です。「彼の言うことを信じる」というときにはbelieve him、「彼がやってくれると信じる」というときはbelieve in himと言います。ピールは、自分自身が何かをやり遂げられると信じること、つまり信念こそが、成功の第一歩だと言っています。

Success 13

> *Obviously everyone wants to be successful, but I want to be looked back on as being very innovative, very trusted and ethical and ultimately making a big difference in the world.*

「もちろん誰もが成功したいと思っている。でも私は、非常に革新的で信頼に足る、道徳的で、世界を大きく変えた人物として記憶されたい」

Sergey Brin (セルゲイ・ブリン) *1973-*
Googleの共同創業者。ロシア生まれのアメリカ人。

若くして画期的な検索エンジンGoogleを作り出すことに成功したブリンの言葉です。be looked back on as ～で「死んだ後に～のような人として思い出される」という意味。make a differenceには、単に「変える」というより「意味のあることをする」というニュアンスが含まれます。

Success 14

> *The winners in life think constantly in terms of I can, I will, and I am. Losers, on the other hand, concentrate their waking thoughts on what they should have or would have done, or what they can't do.*

「人生の勝者は、常に『できる』『しよう』『私は～である』という観点で考える。一方、敗者は目覚めている間ずっと、『すべきだった』『やるはずだった』『できない』ということばかり考えている」

Denis Waitley (デニス・ウェイトレー) *1933-*
アメリカの作家、コンサルタント。

成功者とそうでない人の使う語彙は異なります。それは、思考法の違い。成功が人の考え方を変えるのでなく、考え方がビジネスの成否を分けるのだということです。

Success 15

If you want to be successful, it's just this simple: Know what you are doing, love what you are doing, and believe in what you are doing.

「成功したいなら簡単だ。自分のやっていることを知り、愛し、信じることである」

Will Rogers（ウィル・ロジャース）*1879-1935*
アメリカのお笑い芸人。政治コメンテーター。

成功に欠かせない要素に、自らの仕事を愛することを挙げる人は少なくありません。アップル社CEOのスティーブ・ジョブズも、創業した会社から放逐される憂き目にあった後、厳しい状況を耐えて復活できたのは、自分のやってきた仕事が好きだったからだ、と語っています。

Success 16

Real success is finding your lifework in the work that you love.

「真の成功は、愛する仕事の中にライフワークを見つけることだ」

David McCullough（デイヴィッド・マックロウ）*1933-*
アメリカの作家。ピューリッツァー賞受賞。

財産、名誉……成功の定義は人それぞれでしょう。自分の仕事に生涯をかけられるものを見つける。これもまた成功のひとつです。

第2章
夢
Dreams

Close-up
▼

エンタテインメント界の巨星
Walt Disney
（ウォルト・ディズニー）

1901-1966

©Kyodo News

世界に名だたる漫画家であり、アニメ製作者、映画監督、脚本家、声優、実業家。「ミッキーマウス」の生みの親としても知られる。アメリカ・イリノイ州シカゴ生まれ。高校に通いながら、美術学校の夜間部で絵画や漫画、写真を学ぶ。1919年、カンザスシティで広告会社に就職。そこで知り合ったアブ・アイワークスとともにアニメーション会社を設立する。『蒸気船ウィリー』は、世界初のトーキー・アニメとして注目を集めてヒット。その後も、3D、シネマスコープなどアニメーションの新しい技術を次々と開発。テレビ番組のコンテンツも多数提供し、20世紀のエンタテインメント界に多大な影響をもたらした。1955年には、ディズニーランドを建設。そのコンセプトは世界各地に広がる。

Dreams 1

All your dreams can come true if you have the courage to pursue them.

by Walt Disney

「追い求める勇気があれば、すべての夢はかなう」

notes
come true　かなう、現実のものとなる
pursue　追いかける、追い求める、推進する

● 言葉の背景

夢はリスクを背負っている

　夢はときに危険なものです。それをかなえるために、多くのお金と労力と時間を注ぎ込んでしまうリスクを背負っているからです。そのリスクと闘いながら夢をかなえるために必要なもの。それは、リスクを減らすための研究であり、他人のアドバイスを聞くことであり、技を磨くことでしょう。しかし、最も大切なのは、「勇気」だとウォルト・ディズニーは言っています。リスクの恐怖に打ち勝つ勇気である、と。

　今や全世界の人々が知るように、さまざまな偉業を成したディズニーですが、その道は決して平坦なものではありませんでした。裏切りや、自らの失敗、財政面の危機など、多くの困難がありました。それでも、ディズニーの心の中にある夢は消えることがなかったのです。それはおそらく、子供の頃に描いた自らの夢の実現へのあふれんばかりの情熱とともに、それに向かって突き進む勇気をいつまでも失わなかったためでしょう。

夢を持つこともひとつの才能?

　夢を持っている人は、常に何かをかなえようとがんばります。たとえそれが失敗に終わったとしても、次の夢を実現させるためにその経験を生かします。こう考えると、夢を持つこと自体、ひとつの才能、もしくは技なのかもしれません。会社も同じです。夢を持った企業であれば、常に前に進んで行くことができます。

　「夢は、あきらめなければかなうもの」──数々の試練を乗り越え、次々と夢をかなえていったディズニーが発するからこそ説得力のある言葉です。

英語表現

"All your dreams can come true if you have the courage to pursue them."

come trueは、「かなう、現実のものとなる、果たされる」という意味。dream（夢）のほか、prophecy（予言）やhope（願い）との組み合わせでも使われます。pursueは、もともと「追いかける」という意味で、The police pursued the robber.（警察が泥棒を追跡した）というような使い方をしますが、転じて「着実に押し進める、実行する、遂行する」の意味で、pursue one's studies（研究を進める）などのようにも使われます。

人物のエピソード EPISODE Walt Disney

頑固者だったディズニー

アブ・アイワークスとともに設立したアニメーション会社の経営は、すぐに軌道に乗ったわけではありません。試行錯誤の中、倒産と再建を繰り返し、アリスや『しあわせウサギのオズワルド』などのシリーズで成功するも、キャラクターの著作権とともにスタッフまで他社に奪われる事件も起きました。今や世界の人気者となったミッキーマウスは、そんな失意の中で生まれたキャラクターです。また、ディズニー自身は、頑固者でプライドの高い厳格な経営者として知られ、その経営スタイルはときに従業員の大きな反発も招きました。ファンタジックなアニメ映画や夢の国ディズニーランドのイメージに反し、ディズニーの人生は多くの困難とともにあったのです。

Dreams 2

> *What you get by achieving your goals is not as important as what you become by achieving your goals.*

「目標を達成して得たものは、目標を達成することでなった自分ほど重要ではない」

Johann Wolfgang von Goethe
（ヨハン・ヴォルフガング・フォン・ゲーテ）*1749-1832*

ドイツの詩人、小説家、劇作家。科学者、政治家としても活躍。

not as important as 〜で「〜ほど重要でない」という意味。ここでは、what you get（得たもの）は、what you become（なったもの）ほど重要ではない、という意味になります。

Dreams 3

> *A goal is a dream with a deadline.*

「目標は締め切りのある夢だ」

Napoleon Hill （ナポレオン・ヒル）*1883-1970*
アメリカの作家。成功哲学の祖。

goal（目標）とdream（夢）の違いは何か。ヒルによれば、頭の中に漠然とした状態であるのが夢だとすれば、締め切りのある具体的な夢が目標。夢は「目標」にしてはじめて実現に動き出すものなのです。

Dreams 4

I don't dream at night, I dream all day; I dream for a living.

「私にとって夢は夜みるものではない。寝ても覚めても夢をみる。夢をみるのが仕事なのだ」

Steven Spielberg (スティーヴン・スピルバーグ) *1946-*
アメリカの映画監督・プロデューサー。

dreamには、睡眠中にみる夢と、現実で抱く夢の2つがあります。それをふまえたスピルバーグの言葉。

Dreams 5

The best way to make your dreams come true is to wake up.

「夢をかなえる最善の方法は、目を覚ますことだ」

Paul Valéry (ポール・ヴァレリー) *1871-1945*
フランスの詩人、小説家。

2つの「夢」をうまく利用した言い方です。夜みる夢は目覚めることで消えますが、現実の夢は目覚めることから始まります。とはいっても、ここでの「目覚める」は、単に目を覚ますということではなく、現実の夢は自分の力で実現しなくてはいけないことに気づく、という意味です。

Dreams 6

Dream no small dreams for they have no power to move the hearts of men.

「小さな夢は見るな。小さな夢には人の心を動かす力がない」

Johann Wolfgang von Goethe
(ヨハン・ヴォルフガング・フォン・ゲーテ)

Dream no small dreamsは少し古い英語で、今の言葉で言えばDon't dream small dreamsになります。大きな夢は、ときに人々の考え方まで変えるような思いもよらないパワーを与えるもの。でも、小さな夢では、周囲の人の心を動かして、巻き込むパワーがありません。『君主論』で知られるイタリアの政治思想家、Niccolò Machiavelli(ニコロ・マキャベリ)も、Make no small plans for they have no power to stir the soul.(小さな計画を立てるな。それでは魂をかきたてる力がない)と、同様の名言を残しています。

Dreams 7

A man is not old until regrets take the place of dreams.

「人は老いない。後悔が夢にとって替わるまでは」

John Barrymore (ジョン・バリモア) *1882-1942*
『グランド・ホテル』などで知られるアメリカの俳優。

take the place of ～で「～にとって替わる、～の代わりをする」という意味です。

Dreams 8

> *If you don't know where you are going, every road will get you nowhere.*

「どこに向かうかわからなければ、どの道を通ってもどこにもたどり着かない」

Henry Kissinger（ヘンリー・キッシンジャー）*1923-*
アメリカのニクソンおよびフォード政権下の国家安全保障担当大統領補佐官、国務長官。

ここでは、get nowhere =「どこにもたどり着かない」という意味ですが、「なんの進展もない」「なんの成果も見られない」という意味でも使います。

Dreams 9

> *If you can dream it, you can do it. Your limits are all within yourself.*

「夢みることができれば、それを実現できる。限界はすべてあなた自身の中にある」

Brian Tracy（ブライアン・トレイシー）*1944-*
カナダ生まれの作家。自己救済に関する著書や講演多数。

within oneselfで「〜の心の中に」ということ。

Dreams 10

> ***Let me tell you the secret that has led me to my goal: my strength lies solely in my tenacity.***

「私がゴールにたどり着いた秘訣を教えよう。私の長所は、唯一粘り強さにある、ということだ」

Louis Pasteur（ルイ・パスツール）*1822-1895*
フランスの細菌学者。

tenacityは、「粘り強さ」という意味。偉大な功績を残したパスツールにして、ゴールにたどり着くのに必要なのは、知識や能力より、粘り強さだということです。

Dreams 11

> ***Don't be afraid of the space between your dreams and reality. If you can dream it, you can make it so.***

「夢と現実の間のギャップをおそれるな。夢みれば、現実にできる」

Belva Davis（ベルヴァ・デイヴィス）*1932-*
アメリカの放送ジャーナリスト。

アメリカ西海岸初の女性アフリカ系アメリカ人テレビ・レポーターとなったことで知られるデイヴィスの言葉です。

Dreams 12

> *Great minds have purpose, others have wishes.*

「偉人は目的を持つ。そうでない人が持つのは望み」

Washington Irving (ワシントン・アーヴィング) *1783-1859*
アメリカの作家。

mindは「気持ち」という意味ですが、人を指すこともあります。great mindsは、「偉大な人、偉人」の意味。wish (望み) というと、ポジティブな意味にとらえられがちですが、実際にはネガティブなニュアンスを持つ場合があります。I wish I could fly. (空を飛べたら) と言うのは、空を飛ぶことをはなからあきらめているとき。実際に空を飛んだライト兄弟が言ったのは、We are going to fly. (われわれは飛ぶ) でした。飛ぶことは彼らにとって願望ではなく、purpose (目標) だったからです。

第3章
チャンス
Opportunity

Close-up
▼

権威に挑む異端の経営者
Richard Branson
(リチャード・ブランソン)

1950-

©時事

イギリスの実業家。ヴァージングループの創設者で会長。裕福な家庭に生まれ、一流のパブリックスクールに通うも、16歳で中退してロンドンへ。雑誌『ステューデント』を創刊した後、1970年にレコード通信販売会社「ヴァージン」を設立。翌年にはレコード店を開く。1973年に立ち上げたレコード・レーベルは、その後、急成長。1984年には、航空会社「ヴァージンアトランティック航空」を設立。以降も、その革新的な経営手法や過激な宣伝によってヴァージン・ブランドを発展させ、鉄道やインターネット、携帯電話事業など幅広い分野に進出を果たす。2004年には宇宙ビジネスにも参入したほか、環境対策として化石燃料の代替燃料を開発する会社も設立。熱気球による世界初の大西洋および太平洋横断に成功するなど、冒険家としても名を馳せる。

Opportunty 1

Business opportunities are like buses, there's always another one coming.

by Richard Branson

「ビジネスチャンスは、バスと同じである。いつだって次が来る」

notes

opportunity　機会、チャンス

● 言葉の背景

快進撃の裏に数々のチャレンジ

　果敢に新分野に進出、成功をおさめるヴァージングループ会長、リチャード・ブランソンの言葉です。少年時代、学業のほうはあまり芳しくなかったブランソンですが、15歳のときには、すでに2つのベンチャービジネスを手がけていました。しかし、クリスマスツリーやセキセイインコを育てるという奇天烈なこのビジネスはいずれも失敗。どうにか成功した初めての事業は、ロンドンで創刊した雑誌『ステューデント』でした。その後の快進撃は周知の通りですが、この間にも失敗は数々あります。1986年、ロンドン証券取引所にヴァージングループとして上場しましたが、2年後には上場廃止。ナショナル・ロタリー（宝くじ）の営業権取得には2度失敗しています。それでも、次のバスは来る、とブランソンは言います。

逃したチャンスに追いすがるな

　しかし、チャンスを逃すな、という戒めを込めた「チャンスは一度きり」という意味の名言もたくさんあります。チャンスは本当に何度も来るものなのでしょうか。ブランソンの言葉から読み取らなくてはいけないのは、おそらく、1台のバスに乗り遅れたからといって、その後を必死で追いかけたり、クヨクヨしたりしてはいけない、という戒めでしょう。要は、追いすがるのではなく、遅れをどう取り戻すか、次のバスに乗ってどう目的地にたどり着くかを考えることが大切なのです。

　チャンスを生かせば、それを新たなチャンスにつなげることも可能です。チャンスをつかむ人にはチャンスが寄ってくる。これもまたブランソンが示す真実です。

英語表現

"Business opportunities are like buses, there's always another one coming."

　A is like B.（AはBのようなもの）と、およそ関連のなさそうな2つの事柄を結びつけて注意を引きつけ、後でその関連性を説明する手法は、英語でよく使われます。映画『フォレスト・ガンプ 一期一会』のセリフ、"Life is like a box of chocolate. You never know what you're gonna get."（人生はチョコレートの箱のようなもの。開けてみるまで何が入っているかわからない）は有名ですね。ブランソンの言葉でも、チャンスとバスという意外な組み合わせが印象的です。Don't worry. There's another one coming.（気にしないで。次が来るから）というフレーズは、バスや電車に乗り遅れた人に対して、しばしば使われる日常会話の表現です。

人物のエピソード　　　　　　　　　　EPISODE　Richard Branson

自らが広告塔になる

　ブランソンは、広告費をかけずに自社の宣伝をすることにかけて抜群の才能を持った人です。その手段とは、自らが広告塔となること。ヴァージンアトランティック航空就航の際には、昔の操縦士がかぶった茶色い革製のヘルメット姿で記者会見に現れました。その写真は、イギリスのみならず世界中の新聞に掲載されたので、どこかで目にしている人も多いでしょう。熱気球での世界一周も、チャレンジ自体は失敗に終わったにも関わらず、大きな注目を集め、存分に広告効果を上げました。しかし、彼の本当の巧さは、決してマイナスのイメージを作らないことにあります。ブランド・イメージを守れば、あらゆる機会をとらえてビジネスに結びつけられることをよく知っているのです。

Opportunity 2

> ***Trouble is only opportunity in work clothes.***

「トラブルこそ、仕事着をまとったチャンスである」

Henry Kaiser (ヘンリー・カイザー) *1882-1967*
アメリカの実業家。アメリカ造船業界の父として知られる。

チャンスは、仕事で起きるトラブルにこそあるという意味です。トラブルを避けるばかりでは、結局チャンスまで避けて通っていることになる、ということです。

Opportunity 3

> ***Before you begin climbing that ladder of success, make sure it's leaning towards the window of opportunity you desire!***

「成功へのはしごを登り始める前に、そのはしごが自分の望むチャンスの窓にかかっていることを確認せよ」

Tracy Brinkmann (トレイシー・ブリンクマン) *1963-*
アメリカで活躍するモチベーショナル・スピーカー、サクセス・カウンセラー。

lean towardsは「〜に傾く」という意味。英語では、「窓」がしばしばチャンスの比喩で使われ、the window of opportunityは「チャンスの入り口、成功への道」といったニュアンスを持ちます。

Opportunity 4

> *Fortune knocks but once, but misfortune has much more patience.*

「幸運は一度しかノックしない。しかし、不運はもっとしつこい」

Laurence Peter（ローレンス・ピーター）*1919-1990*
カナダ生まれの教育者。『ピーターの法則』の著者。

日常生活では、躊躇している人の背中を押すときに、「チャンスを逃すな」という意味でFortune knocks only once.という表現がよく使われます。何かに挑戦するとき、何の障害もないことはまれでしょう。障害をmisfortuneと言うなら、これほどしつこい訪問者はいません。でも、障害にばかり気をとられていたら、fortuneが扉をたたいていても気づかなくなります。

Opportunity 5

> *The optimist sees opportunity in every danger; the pessimist sees danger in every opportunity.*

「楽観主義者は、どんな危険の中にもチャンスを見出し、悲観主義者は、どんなチャンスにも危険を見る」

Winston Churchill（ウィンストン・チャーチル）*1874-1965*
第2次世界大戦時のイギリス首相。

optimist = positive thinker、pessimist = negative thinkerのこと。物事は、見る角度によってさまざまに表情を変えます。どんな問題にもチャンスを見出す。これは、リーダーに不可欠なスキルであり、実は誰もが磨けるスキルでもあります。

Opportunity 6

> *We keep moving forward, opening new doors, and doing new things, because we're curious and curiosity keeps leading us down new paths.*

「われわれは前進し、新しい扉を開き、新しいことに挑戦し続ける。なぜならわれわれには好奇心があり、その好奇心が新しい道に導いてくれるからだ」

Walt Disney（ウォルト・ディズニー）⇒ *p.21*

keep ～ ingで「～し続ける」という意味。moving、opening、doingはすべてkeepにかかっています。

Opportunity 7

> *There's always an opportunity to make a difference.*

「世の中をよくする機会は常にある」

Michael Dell（マイケル・デル）*1965-*
アメリカの実業家。デル社の創設者であり、会長兼CEO。

この文のmake a differenceには、単に「変える」ではなく、make a difference for the good in the world（世の中をよりよくする）というニュアンスが含まれています。

Opportunity 8

In the middle of difficulty, lies opportunity.

「困難の最中にこそチャンスはある」

Albert Einstein (アルバート・アインシュタイン) *1879-1955*
ドイツ生まれの物理学者。

企業も個人も、問題を避けるために多くの時間と労力を費やします。しかし、実はその困難の中にこそ、チャンスが隠れていることが少なくありません。クライスラー社再建で手腕を発揮したリー・アイアコッカも、We are continually faced by great opportunities brilliantly disguised as insoluble problems. (われわれはいつも、まるで解決できない問題のように見せかけた偉大なチャンスに直面している) と語っています。

Opportunity 9

The entrepreneur always searches for change, responds to it, and exploits it as an opportunity.

「起業家は常に変化を探し、それに対応し、チャンスとして利用する」

Peter Drucker (ピーター・ドラッカー) ⇒ *p.51*

entrepreneurは「起業家」のこと。カタカナの「アントレプレナー」も日本語として定着してきました。

Opportunity 10

Procrastination is opportunity's assassin.

「ぐずぐずしていれば、チャンスは死ぬ」

Victor Kiam (ヴィクター・キアム) *1926-2001*
アメリカの実業家。NFLニューイングランド・ペイトリオッツのオーナーでもあった。

少し難しい単語ですが、procrastinationとは「ぐずぐずすること」という意味。assassinは「暗殺者」です。チャンスにはタイミングがあることを忘れてはいけないということです。

Opportunity 11

Today knowledge has power. It controls access to opportunity and advancement.

「今日、知識が力をもつ。それはチャンスと進歩への道を支配する」

Peter Drucker (ピーター・ドラッカー) ⇒ *p.51*

control accessで「アクセスを制御する」という意味。チャンスを得るのも出世するのも、知識次第ということです。

Opportunity 12

> *Some men see things as they are, and say, 'Why?' I dream of things that never were, and say, 'Why not?'*

「ある人は現実を見て言う。なぜだ、と。私はまだかなわないことを夢みて言う。やってみよう、と」

George Bernard Shaw (ジョージ・バーナード・ショー) *1856-1950*
アイルランド出身の劇作家。

as they are は「今ある状態」のこと。Why? は「なぜしなければいけないのか」といった、何かに抗議するニュアンスを含むのに対し、Why not? は「やらない理由はないのでは?」すなわち「やりましょう」というポジティブなニュアンスです。

第4章
お金
Money

Close-up
▼

世界の食を変えたマクドナルド創業者
Ray Kroc
（レイ・クロック）

1902-1984

©Kyodo News

マクドナルド社創業者。アメリカ・イリノイ州に生まれる。高校中退後、第1次世界大戦中は赤十字の救急車の運転手として訓練を受ける。戦後、紙コップのセールスマン、ピアニスト、ジャズミュージシャンなど職を転々とした後、全米を飛び回るミルクシェイク用ミキサーのセールスマンとして成功するが、1954年、カリフォルニア州サンバーナディーノにあるマクドナルド兄弟経営の小さなハンバーガーレストランを訪れて、その大量生産方式に感銘を受け、翌年、フランチャイズ1号店をオープン。1961年には兄弟から経営権を270万ドルで買い取る。1967年、海外に進出。以後、ファストフード・チェーン「マクドナルド」は世界各地に拡大する。

Money 1

> *If you work just for money, you'll never make it, but if you love what you're doing and you always put the customer first, success will be yours.*

by Ray Kroc

「あなたがお金のためだけに働いているなら成功はおぼつかないだろう。自分の仕事を愛し、常に消費者を第一に考えているなら、成功はあなたのものだ」

notes
make it 成功する

● 言葉の背景

優先すべきはお金ではなく消費者

　今や世界で最も有名なファストフード・チェーンとなったマクドナルド。アメリカだけでなく、世界中の人々の食に対する意識を変えたといっても過言ではないでしょう。そんなマクドナルドを創業したレイ・クロックの言葉は、「お金だけを目的に働いても成功せず、消費者優先を実行していれば成功する」というもの。直球勝負の名言です。

　クロックは、マクドナルドを経営するにあたって、4つの柱を立てました。すなわち、クオリティ、サービス、清潔さ、価格。クロックがお金を第一に考えていれば、4つのうちのどれかに妥協していたかもしれません。しかし、もしいずれかの点で妥協していたら、マクドナルドがこれほどまでに拡大したかどうか。クロックは、自らが設けた高水準を、フランチャイズ各店が守っているかどうか厳しく管理し、その姿勢を最後まで貫きました。

目に見えないものの重要性

　お金と仕事の関係は不思議なものです。「成功」は「財を成す」と同義ではありませんが、「成功」を人に見せるのに、いちばん手っ取り早い要素はお金でしょう。でも、お金にしか成功や幸せの尺度を見出せなくなった人は、人生に満足することはないはずです。企業も同じ。夢、目標、目的、誠実さなど、バランスシートに現れないものが、企業が長く存続するためには必要なのです。

英語表現

"If you work just for money, you'll never make it, but if you love what you're doing and you always put the customer first, success will be yours."

work for ～は「～で働く」という意味で、I worked for George for five years.（私はジョージの会社で5年間働いた）、I worked for $30 an hour.（私は1時間30ドルで働いた）のように～の部分には人も物も入ります。put the customer first は「お客様のニーズを最優先にする」＝「お客様を大事にする」という意味。put ～ second は「二番目にする」＝「後回しにする」＝「大事にしない」こと。A will be yours. は、Use this product, and beauty will be yours.（この商品を使えば、美しさはあなたのもの＝この商品で美しくなる）など、宣伝にもよく使われる表現です。

人物のエピソード

EPISODE　Ray Kroc

52歳からの快進撃

クロックが、後に食の世界に大きな変化をもたらすファストフード・チェーン「マクドナルド」の創業を思い立ったのは、引退さえ視野に入れていた頃のこと。ミルクシェイク用ミキサーのセールスマンをしていた頃に訪れた小さなハンバーガーレストランで、その大量生産システムを見たクロックは、このシステムを使った新しいレストランで革命が起こせると確信したのです。このときクロックは52歳。しかも、ハンバーガーは未知の商材でした。ちなみに、ケンタッキー・フライドチキンの創業者カーネル・サンダースも、創業時、65歳でした。

Money 2

> *There is no class so pitiably wretched as that which possesses money and nothing else.*

「お金以外のものを持たない類いの人々ほど、哀れで惨めな人々はいない」

Andrew Carnegie (アンドリュー・カーネギー) *1835-1919*
スコットランド生まれ。アメリカで鉄鋼会社を創業。鉄鋼王と呼ばれる。

classは「階級、部類」などのこと。wretchedは「非常に貧しい」「極端に悲惨な」様子を表す単語です。

Money 3

> *Money does not change men, it only unmasks them.*

「金は、人を変えるわけではない。人の仮面をはがすだけだ」

Marie Jeanne Riccoboni (マリー・ジャンヌ・リコボニ) *1713-1792*
フランスの小説家。

unmaskは、「仮面をはぐ、正体をあばく」という意味。よく「お金が人を変える」と言いますが、実はそうではなく、お金は人の真実の姿をあぶり出すものなのだとリコボニは言っています。

Money 4

> *There are plenty of ways to get ahead. The first is so basic I'm almost embarrassed to say it: spend less than you earn.*

「成功する方法は山ほどある。まずは、口にするのもとまどうような基本的なことだが、稼いだ額より使う額を減らすことである」

Paul Clitheroe (ポール・クリセロー) *1955-*
イギリス生まれ。オーストラリアの経済アナリスト。

お金を貯めるなら、入るお金より出るお金を少なくすること。至極当たり前ですが、ときに基本に立ち返ることも必要かもしれません。get ahead は、「成功する、進歩する、出世する」という意味です。

Money 5

> *The man who does not work for the love of work but only for money is not likely to make money nor find much fun in life.*

「好きで働いているのではなく、金のためだけに働いている人は、財を成すことも人生に楽しみを見出すこともないだろう」

Charles M.Schwab (チャールズ・M・シュワブ) *1862-1939*
アメリカの起業家。元USスチールCEO。

be not likely は「可能性が少ない」というニュアンス。The value is not likely to drop.(価値は下がりそうにない)のように使います。

Money 6

> *Money will make you more of what you already are. If you're not a nice person, money's going to make you a despicable individual. If you're a good person, money's going to make you a better person.*

「金は、その人の本性をより強く引き出すものである。あなたがよい人間でなければ、金は卑劣な人間にするだろう。あなたがよい人間であれば、金はよりよい人間にしてくれるだろう」

Bob Proctor (ボブ・プロクター) *1944-*
成功哲学、財産形成に関するスピーカーの第一人者。

---

what you already are は、直訳すれば「あなたがすでになっているもの」。つまり「本来の姿」ということ。despicable は「卑劣な」「見下げ果てた」という意味。

Money 7

> *Anybody who thinks money will make you happy hasn't got money.*

「お金が幸せにしてくれると思っている人は、お金を手にしていない」

David Geffen (デイヴィッド・ジェフェン) *1943-*
アメリカの映画プロデューサー。

---

anybody who 〜は「〜という人は誰も」という意味です。

Money 8

> *Money isn't the scarcest resource—imagination is.*

「金は希少な資源ではない。希少なのは想像力である」

Linda Yates（リンダ・イエーツ）*1963-*
ペインティド・ウルフ社の共同創業者。

scarceは「足りない、珍しい」の意味。resourceは「資源」。human resources（人材）、capital resources（資金）など、さまざまな単語と組み合わせても使われます。

Money 9

> *There is no amount of money in the world that will make you comfortable if you are not comfortable with yourself.*

「自分に満足していないのであれば、どれだけお金を持っていようと、決して満足することはない」

Stuart Wilde（スチュワート・ワイルド）*1946-*
イギリスの作家。自立や自覚などについての著書多数。

ここでは、comfortableが2つの意味で使われています。ひとつ目は「快適な」という意味ですが、2つ目は、with yourselfを伴って「自分に満足している、自分を気に入っている」というニュアンスです。

Money 10

> *If you do the right job then money will come to you. Because people who need you will request, will ask for you, will attract you, and will be willing to pay you for your services.*

「自分に適した仕事をすれば、お金は入ってくる。なぜならあなたを必要とする人々があなたを求め、依頼し、招き入れ、あなたのサービスに喜んでお金を払おうとするからだ」

Jose Silva（ホセ・シルヴァ）*1914-1999*
超心理学者。シルヴァ・メソッドの開発者。

right job は、right job for you（あなたに合った仕事）の略です。

Money 11

> *People first, then money, then things.*

「まずは人、次にお金、それから物」

Suze Orman（スージー・オーマン）*1951-*
アメリカのファイナンシャル・アドバイザー。

お金に対する考え方を説いた数多くの著書を持つオーマンの、モットーとも言うべき言葉です。

Money 12

> *You know you are on the road to success if you would do your job, and not be paid for it.*

「今の仕事が、報酬がなくてもする仕事であれば、成功への途上にある」

Oprah Winfrey（オプラ・ウィンフリー）*1954-*

アメリカのテレビ番組司会者、女優。トーク番組「オプラ・ウィンフリー・ショー」は高い人気を誇る。

成功の秘訣は、その仕事を愛しているかどうかだと、多くの成功者が語っています。

Money 13

> *It is not the employer who pays the wages. Employers only handle the money. It is the customer who pays the wages.*

「賃金を払うのは雇い主ではない。雇い主は、ただ金を扱っているだけ。賃金を払うのは顧客である」

Henry Ford（ヘンリー・フォード）⇒ *p.75*

It is not 〜は、pay the wages（賃金を払う）のが the employer（雇い主）ではない、ということを強調した文になっています。

第5章
リーダーシップ
Leadership

Close-up
▼

マネジメントの父
Peter Drucker
（ピーター・ドラッカー）

1909-2005

©Kyodo News

アメリカを代表する経営学者・社会学者。オーストリア生まれ。ドイツのハンブルク大学、フランクフルト大学で学んだ後、イギリス・ロンドンで投資銀行に就職。1937年に渡米。投資アドバイザーや新聞社の特派員などを務めた後、企業や政府を対象にしたコンサルタントとして開業。数々の大学で教鞭をとる傍ら、政府や企業、非営利団体、病院、学校、政府、メジャーリーグの球団など、さまざまな組織の経営問題に取り組む。"マネジメントの父"と呼ばれ、「民営化」「知識労働者」など、氏が創出した経営の概念や用語は数え切れない。ベストセラーとなった著書も多数。

Leadership 1

Management is doing things right; leadership is doing the right things.

by Peter Drucker

「正しく物事を遂行するのが経営であり、正しいことを行うのがリーダーシップである」

notes
do things right　物事をきちんと行う
right thing　やるべきこと、正しいこと

● 言葉の背景

ことを成すのに必要な2つの「正しさ」

　経営とリーダーシップの違いを端的に表したマネジメントの父、ピーター・ドラッカーの言葉です。doing things rightとdoing the right thing。言葉にすれば小さな違いですが、物事を成し遂げるためには、2つの異なる種類の「正しさ」が必要になるということ。いくら正しいことでも、非効率な仕事の仕方では組織にメリットをもたらしません。一方で、「効率」「能率」と念仏のように唱えていても、やっていること自体が正しくなければ、これまた何のメリットも生みません。

「今、正しいこと」を実行する

　そして、リーダーシップに大切なのは、後者のdoing the right things（正しいことをすること＝会社を正しい方向に導くこと）。これは、物事を「きちんと実行する」ことに比べてずっと難しいことです。なぜなら、right thingsは時とともに変化するものだからです。今日の正解が明日の正解とは限りません。

　長い時間をかけて取り組んでいる仕事であれば、始めたときは正しい方向だったとしても、今はどうでしょう？　もしその答えがNoであれば、方向転換する必要があるのではないでしょうか。勇気を持って、そしてリスクを背負って、今のright thingを実行するのがリーダーです。

　経営者のみならず、プロジェクト・マネジメントに携わるすべての人にも大いに参考になる言葉でしょう。

英語表現

> ***"Management is doing things right; leadership is doing the right things."***

　thingsはしばしば「一般的なこと」の意味で使われます。How are things? と言えば、「物事一般はいかがですか?」、つまり「調子はどうですか?」の意味。ちなみに、ドラッカーには、同じ構造の名言がほかにもあります。そのひとつが、Efficiency is doing things right; effectiveness is doing the right things. (能率とは、やり方が正しいこと。効率とは、やることが正しいこと)。2つの概念を簡単な表現で比較することで、両方の意味を鮮やかに浮かび上がらせる——これは、スピーチの名手が得意とする手法でもあります。

人物のエピソード

EPISODE　Peter Drucker

生涯学習者の姿勢を貫く

　ドラッカーは、大学在籍中から、ドイツ・フランクフルトの大手新聞社に経済・国際問題の記者として就職しました。勉強すべき事柄の多さを痛感した彼は、早朝から午後早い時間まで働き、その後を勉強に充てる生活を始めます。彼の勉強方法は、たとえば「国際関係」と決めたら、それを集中的に学び、それから次のテーマに移る、というもの。年を経て勉強の仕方は変わっても、学習する姿勢は生涯貫かれました。95歳という長寿をまっとうした秘訣は、「学習者」としての姿勢だったのかもしれません。

Leadership 2

Innovation distinguishes between a leader and a follower.

「革新は、リーダーと追随者を峻別(しゅん)する」

Steve Jobs (スティーブ・ジョブズ) ⇒ *p.149*

物事を変える必要のないときにリーダーは必要ありません。そして、変化の激しい今日の世界では、革新なしに成功はあり得ません。

Leadership 3

Good leaders must first become good servants.

「よきリーダーは、まずはよき部下にならなくてはいけない」

Robert Greenleaf (ロバート・グリーンリーフ) *1904-1990*
アメリカのビジネス・コンサルタントの草分け。

servantはもともと「召し使い」の意味ですが、ここでは「目下の者、使われる者」のニュアンス。よいリーダーになりたかったら、使われる立場を知るべき、というのは、*Servant as Leader*という論文でも知られるグリーンリーフが繰り返し述べていたことでした。

Leadership 4

I personally believe the best training is management by example. Don't believe what I say. Believe what I do.

「最良のトレーニングは実例による経営だと、私は信じている。私の言っていることを信じてはいけない。私のやっていることを信じなさい」

Carlos Ghosn（カルロス・ゴーン）⇒ *p.85*

どんな組織においても、有言不実行のリーダーは信頼されません。ここでのpersonallyは強調の役割を果たし、「ほかの人は違うかもしれないが、それでも私は」というニュアンスになります。

Leadership 5

I start with the premise that the function of leadership is to produce more leaders, not more followers.

「リーダーの仕事は、信奉者を増やすことではなく、リーダーを増やすことだ。私の前提はそこにある」

Ralph Nader（ラルフ・ネーダー）*1934-*
消費者保護の立場を貫くアメリカの弁護士。

leader（リーダー）に対する語として、follower（追随者）という単語が使われています。

Leadership 6

> *A leader takes people where they want to go. A great leader takes people where they don't necessarily want to go, but ought to be.*

「リーダーは、人々が行きたいと思う場所に導く。偉大なリーダーは、人々が必ずしも行きたいと思う場所ではなく、行かなければならない場所に導く」

Rosalynn Carter(ロザリン・カーター) *1927-*
アメリカの第39代大統領ジミー・カーターの夫人。

リーダーも人気者になりたいのです。しかし、組織の将来を考えれば、そのとき人々の多くが望まない方向であっても、導かなくてはいけないこともあります。人気と引き換えにそれができるか。そこでリーダーの真価が問われます。夫のアドバイザーを務めたことでも知られるファーストレディならではの言葉です。

Leadership 7

> *The only safe ship in a storm is leadership.*

「嵐の中にあって唯一安全な船はリーダーシップである」

Faye Wattleton(フェイ・ワトルトン) *1943-*
女性の権利を訴えるアフリカ系アメリカ人活動家。

「唯一安全な船」は「リーダー」ではなく、「リーダーシップ」であるとワトルトンは言っています。つまり、リーダーシップとは、選ばれた人が持つものでなく、誰もが発揮できるはずの資質であるということです。

Leadership 8

> ***Effective leadership is not about making speeches or being liked; leadership is defined by results not attributes.***

「優れたリーダーシップとは、スピーチをすることでも皆に好かれることでもない。資質ではなく結果によって判断されるものだ」

Peter Drucker (ピーター・ドラッカー) ⇒ p.51

is not about ~は決まり文句で、「~が大事なのではない」という意味。誰からも好かれる人がよいリーダーなのではなく、たとえ今、嫌われようと疎まれようと、結果を出せば、のちに必ず評価を受けるときがくる、ということです。

Leadership 9

> ***Real leaders are simply ordinary people with extraordinary determinations.***

「真のリーダーとは、並はずれたやる気を持った平凡な人間である」

John Seaman Garns (ジョン・シーマン・ガーンズ) *1876-1960*
アメリカの作家。講演多数。

この determination は「やるぞ!」という気持ちのことです。

Leadership 10

> *Effective leadership is putting first things first. Effective management is discipline, carrying it out.*

「効果的なリーダーシップとは、大事なことを優先させることである。効果的な経営とは、それを遂行する規律のことである」

Stephen Covey (スティーブン・コヴィー) *1932-*
ベストセラー『7つの習慣』の著者。

put ～ first は「～を最優先する」の意味で、I put my family first. (家族を大事にする) のように使います。リーダーがすべきことのひとつは物事に優先順位をつけること。そこで失敗すると、働けど働けど利益を生まない事業になりかねません。

Leadership 11

> *The key to successful leadership today is influence, not authority.*

「今の時代、リーダーシップを発揮するカギは、権力ではなく、影響力である」

Kenneth Blanchard (ケネス・ブランチャード) *1939-*
アメリカの作家。世界的ベストセラー『1分間マネジャー』の著者。

「教える、ほめる、叱る」をリーダーのすべきことと著書で説いたブランチャードの言葉です。

Leadership 12

> *The manager asks how and when; the leader asks what and why.*

「マネジャーは、『どう』『いつ』を問う。リーダーは『何』『なぜ』を問う」

Warren Bennis（ウォレン・ベニス）*1925-*
アメリカの教育者、コンサルタント。

経営トップは、具体的な仕事の進め方だけでなく、「何を成すべきか」「なぜ成すべきか」を考えていなくてはいけない、ということです。

Leadership 13

> *Leadership is the art of getting someone else to do something you want done because he wants to do it.*

「リーダーシップとは、あなたがしてほしいと思う何かを、人に『自らがやりたいからやる』と思わせてさせる技である」

Dwight Eisenhower（ドゥワイト・アイゼンハワー）*1890-1969*
アメリカの第34代大統領。

artは、the art of war（戦術）、the art of computer programming（コンピュータ・プログラミング技術）など、「技術」「技」の意味でよく使われます。リーダーのartとは、圧力をかけたり脅したりするのではなく、自発的にやるように仕向けることです。

Leadership 14

> *Leaders are more powerful role models when they learn than when they teach.*

「リーダーは、人に教えているときより、自ら学んでいるときに、より説得力のある手本となる」

Rosabeth Moss Kanter（ロザベス・モス・カンター）*1943-*
アメリカのコンサルタント、ハーバード大学教授。

リーダーにとって大事なのは、すべて理解しているとアピールして信頼を得ることではなく、学ぶべきことは常にあるということを人々に教えること。企業の変革などについて多くの著作を持つカンターの言葉です。

Leadership 15

> *Leaders aren't born; they are made. And they are made just like anything else, through hard work.*

「生まれついてのリーダーはいない。他のことと同様、懸命に励むことでなるものだ」

Vince Lombardi（ヴィンス・ロンバルディ）*1913-1970*
アメリカンフットボールのチーム「グリーンベイ・パッカーズ」を率いた名将。

リーダーの素質は持って生まれたものではなく、努力して得るものだと名将ロンバルディは語っています。

Leadership 16

> ***The quality of a leader is reflected in the standards they set for themselves.***

「リーダーの資質は、自らの中にある基準に現れる」

Ray Kroc (レイ・クロック) ⇒ p.41

リーダーは、自らの基準を常に高く保っていなければなりません。事業が世界中に拡大しても、自らの設定した高い基準が守られているかどうかの確認に余念がなかったマクドナルド創業者の言葉です。

Leadership 17

> ***If you're not confused, you're not paying attention.***

「あなたが混乱していないとすれば、注意を払っていない証拠だ」

Tom Peters (トム・ピーターズ) *1942-*
アメリカの経営コンサルタント。

ベストセラーとなった著書『エクセレント・カンパニー』で、「単純な組織」「小さな本社」を優良企業の条件としたピーターズの言葉。揺るぎない自信こそリーダーに不可欠と考えている人には、一見不可解に思えるかもしれませんが、変化の早いこの世界にあって、すべてを理解することは不可能。大切なのは、混沌を受け入れ、向き合い、混乱しながらも正しい選択をしていくことです。

第6章
やる気にさせる
Motivating People

Close-up
▼

全米最大手の化粧品会社創業者
Mary Kay Ash
（メアリー・ケイ・アシュ）

1918-2001

©Shelly Katz/Time & Life Pictures/
ゲッティ イメージズ

メアリー・ケイ・コスメティクスの創業者で、アメリカの女性実業家として最も成功をおさめた人物の1人。アメリカ・テキサス州生まれ。結婚する1943年までヒューストン大学に通う。結婚して3人の子供をもうけるが、離婚。その後、ダイレクトセールスの複数の会社で勤務。営業、トレーナーとして成功をおさめるも、男性優位の企業体質に嫌気がさし、1963年に退職。その年、息子であるリチャード・ロジャースとともに、5000ドルの資金でメアリー・ケイ・コスメティクスを創業。ダラスの他店の店頭を借りて始めた事業は急成長を遂げ、没年の2001年時点で37カ国80万人を超えるセールスパーソンを有する大企業に。著書は世界中で発行され、ベストセラーとなっている。

Motivating People 1

Everyone wants to be appreciated, so if you appreciate someone, don't keep it a secret.

by Mary Kay Ash

「誰もが感謝されたいと思っている。だから、誰かに感謝するなら、それを隠さないことである」

notes
appreciate　感謝する
keep 〜 a secret　〜を秘密にする、隠す

● 言葉の背景

セールスレディのやる気を引き出す

経営者であれ、部や課のリーダーであれ、人をまとめる立場にいる人にとって最大の仕事は、人々をどうやる気にさせるかであるといっても過言ではないでしょう。息子とともに化粧品会社を起ち上げたメアリー・ケイ・アシュは、「ビューティー・コンサルタント」という9人のセールスレディを使ったルートセールスから商売を急成長させました。アシュが成功した最大の要因は、主婦を中心とするセールスレディたちのやる気を引き出したことにあります。営業成績優秀者に、休暇やピンク・キャディラックを贈呈するなど、さまざまなインセンティブ・プログラムを用いたことはよく知られていますが、その真の意図は、感謝の気持ちを表すことでした。

必要な存在であることをはっきり伝える

生活にも困っているような状況の人であれば、ある程度はお金でやる気にさせることができるかもしれません。しかし、すでに十分な額を稼いでいる人のモチベーションを持続させることは簡単ではありません。

アシュが考えたのは、必要とされている存在であること、感謝されていることを、相手にはっきりと伝えることでした。アシュは、No matter how busy you are, you must take time to make the other person feel important.（いくら忙しくても関係ない。時間をかけて、他人が「自分は大事にされている」と感じるようにさせなくてはいけない）という言葉を、部下を持つ立場の社員たちに伝えていました。

誰でも、自分を大切にしてくれる人の下で働きたいものなのです。上に立ったときこそ思い出したい言葉です。

英語表現

"Everyone wants to be appreciated, so if you appreciate someone, don't keep it a secret."

appreciate someoneは「誰かに感謝する」という意味で、I appreciate your advice.(あなたのアドバイスに感謝している)のように使いますが、I appreciate having a good job.(よい仕事を持てたことに感謝している)など、感謝の気持ちがあるだけで、口に出さなくてもこの表現を使います。keep ~ a secretは「~を隠す」という意味。Don't keep it secret.は、言うべきことをなかなか言わない人に向けた「さっさと言いなさい」のニュアンス。アシュも「感謝は出し惜しみせずに言いなさい」という意味合いで使っています。

人物のエピソード

EPISODE Mary Kay Ash

男性優位社会での勤務経験が成功の糧に

「成功のカギは人をほめること、他人を助けること」をモットーとするアシュのマネジメント術。これは、苦い経験もした会社員時代から育まれてきました。業績を上げていたアシュですが、男性優位の企業体質に昇進を阻まれます。退職を決めたのは、自らの知識やノウハウをすべて教えて鍛えた男性アシスタントが、入社1年も経たないうちに出世し、自分の2倍の給料をもらうようになったことでした。アシュは、転職活動の傍ら、男性優位社会で女性が生き残るための本の執筆を思い立ちます。執筆にあたり、彼女は、「会社に勤めていてよかったこと」「改善できたこと」の2項目に関するリストを作りました。このリストは、著書の執筆だけでなく、その後の起業にも存分に生かされたのです。

Motivating People 2

Management is nothing more than motivating other people.

「経営は、人々をやる気にさせること以外の何ものでもない」

Lee Iacocca（リー・アイアコッカ）⇒ *p.117*

瀕死のクライスラー社を再生させたアイアコッカの言葉。be nothing more than ～ は「～以外の何ものでもない」という意味です。

Motivating People 3

If you just communicate you can get by. But if you skillfully communicate, you can work miracles.

「コミュニケーションするだけなら、なんとかできる。しかし、うまくコミュニケーションすれば、奇跡を起こすことができるのだ」

Jim Rohn（ジム・ローン）*1930-*

アメリカの作家、モチベーショナル・スピーカー、起業家。

get by は「仕事などを無難にこなす」「仕事の出来がまあまあである」というニュアンスです。人のやる気を出すスキルのひとつがコミュニケーション。うまく使えば、「無難」どころか、「奇跡」の成果を上げられるとローンは言います。

Motivating People 4

"Don't find fault, find a remedy."

「あら探しをするな、解決策を探せ」

Henry Ford (ヘンリー・フォード) ⇒ *p.75*

find fault は「あら探しをする」、find a remedy で「解決策を探る」という意味。
find a remedy は find a solution とも言います。

Motivating People 5

"Communication is a skill that you can learn. It's like riding a bicycle or typing. If you're willing to work at it, you can rapidly improve the quality of every part of your life."

「コミュニケーションは学べる技術である。自転車に乗ったり、タイプをしたりするようなもの。もしその技術を学びたいと思うなら、人生のあらゆる局面で向上できるはずだ」

Brian Tracy (ブライアン・トレイシー) *1944-*
カナダ生まれの作家。自己救済に関する著書や講演多数。

コミュニケーション・スキルが上がれば人生自体の質が上がる。そして、それは練習して身につけられる技術であるとトレイシーは言っています。

Motivating People 6

Giving people self-confidence is by far the most important thing that I can do. Because then they will act.

「人に自信を持たせることが、私にできる何より重要なことだ。自信さえ持てば、人は行動を起こすからである」

Jack Welch (ジャック・ウェルチ) ⇒ p.137

by farは「はるかに、断然」という意味。社員に自信を与えることは、ウェルチの経営哲学のひとつでした。

Motivating People 7

The most important thing in communication is hearing what isn't said.

「コミュニケーションで最も大事なことは、言葉にならないことに耳を傾けることだ」

Peter Drucker (ピーター・ドラッカー) ⇒ p.51

hearing what isn't saidは、直訳すれば「言われないこと」を「聞く」ということ。つまり、相手の真意をくみとるということです。

Motivating People 8

People often say that motivation doesn't last. Well, neither does bathing—that's why we recommend it daily.

「よくモチベーションは長くは続かないと言われる。それなら入浴だってそうだろう。だからこそ私は、毎日すべきだと言っているのだ」

Zig Ziglar (ジグ・ジグラー) 1926-
アメリカで最も有名なモチベーターの1人。講演、著作多数。

ここでのlastは「持続する、もつ」という意味の動詞。一見、突飛な比喩ですが、要は、モチベーションを維持するのも入浴も、常にしなければいけないものだということです。

Motivating People 9

Sandwich every bit of criticism between two thick layers of praise.

「批判は、賞賛という名の分厚いパンの間にサンドイッチしよう」

Mary Kay Ash (メアリー・ケイ・アシュ) ⇒p.63

もちろん、部下に対して叱ったり注意したりしなくてはいけないことはあります。しかし、ネガティブなことを伝えるときには気配りも必要。「批判は賞賛とともに」――人を動かすことに長けていたアシュならではの言葉と言えるでしょう。sandwichは「サンドイッチ」という名詞のほかに、このように「間に挟む」という意味の動詞としても使えます。

Motivating People 10

> *Motivate them, train them, care about them, and make winners out of them ... they'll treat the customers right. And if customers are treated right, they'll come back.*

「やる気を起こさせよ。訓練せよ。面倒をみよ。勝者に育てるのだ。そうすれば彼らは顧客を正しく扱う。正しく扱われた顧客は、帰ってくる」

J. W. Marriott Jr. (J・W・マリオット・ジュニア) *1932-*
マリオット・インターナショナルのCEO兼会長。

ここでのrightは、「きちんと、ちゃんと」という意味。優良企業は多くの顧客を有しています。そしてその多くはリピーターです。顧客に愛されているのに従業員に愛されていないという企業は少ないでしょう。企業が従業員を大切にしていなければ、従業員が顧客を大切にすることはできないのです。

Motivating People 11

> *If you pick the right people and give them the opportunity to spread their wings—and put compensation as a carrier behind it—you almost don't have to manage them.*

「適任者を選び、羽を広げる機会を与え、仕事として報酬を与えれば、もう彼らを管理する必要はほとんどないのである」

Jack Welch (ジャック・ウェルチ) ⇒ p.137

適所に配し、やる気を起こさせることができていれば、それ以上管理の必要はない。極論に聞こえるかもしれませんが、巨大組織を率いたウェルチの説得力のある言葉です。

Motivating People 12

> *Don't tell people how to do things, tell them what to do and let them surprise you with their results.*

「やり方を教えてはいけない。やることを伝え、その結果であなたを驚かせるように仕向けるのだ」

George S. Patton (ジョージ・S・パットン) *1885-1945*
アメリカの軍人。

surprise ~ with... で「…で~を驚かせる」という意味になります。

Motivating People 13

> *I consider my ability to arouse enthusiasm among men the greatest asset I possess. The way to develop the best that is in a man is by appreciation and encouragement.*

「人々の熱意をかきたてる能力は、私が有する最大の財産だと思う。人の中にある最良のものを伸ばす方法は、賞賛と励ましである」

Charles M.Schwab (チャールズ・M・シュワブ) *1862-1939*
アメリカの起業家。元USスチールCEO。

arouseは「かきたてる」という意味の動詞。I consider A + B. で、「私はAをBと考える」という意味になります。つまり、「私は、enthusiasm (情熱) をかきたてる能力を、greatest asset I posses (私が持つ最大の財産) と考える」ということ。

Motivating People 14

> *Between my past, the present and the future, there is one common factor: Relationship and Trust. This is the foundation of our growth.*

「私の過去と現在と未来の間には、共通項がひとつある。それは絆と信頼だ。これこそわれわれの成長の基盤である」

Dhirubhai Ambani (ディルバイ・アンバニ) *1932-2002*
インド最大の財閥、リライアンス・グループの創業者。

アンバニの会社は一代で急成長を遂げましたが、発展の陰で人間関係や信頼を犠牲にするようなことはなかったと評価されています。人間関係を犠牲にすることは、会社を損なうことだとわかっていたのでしょう。最も大きい代償は、社員のやる気をそぐことであることも。

第7章

決 断
Decision Making

Close-up
▼

アメリカ自動車産業の父
Henry Ford
(ヘンリー・フォード)

1863-1947

©AFP＝時事

フォード・モーター社創業者。アメリカ・ミシガン州ディアボーンで、農場の6人兄弟の長男として生まれる。少年時代から機械に関心を寄せ、16歳で学校を退学。デトロイトで見習い機械工として働いた後、いくつかの会社を経てデトロイトのエジソン照明会社に就職。余暇を利用して自動車作りを始める。2度の起業と倒産を繰り返した後、1903年、フォード・モーター社設立。高品質な製品の大量生産をモットーに、T型フォードを発表、大衆車を普及させることに成功した。アメリカの交通事情を変革するとともに、その徹底したコスト削減の経営手法で産業界に革命をもたらし、"アメリカ自動車産業の父"と呼ばれる。世界中に特約店を置くフランチャイズ・システムのパイオニアでもある。

Decision Making 1

Indecision is often worse than wrong action.

by Henry Ford

「決断しないことは、ときとして間違った行動よりたちが悪い」

notes
indecision 決断しないこと、優柔不断

● 言葉の背景

完全無欠の決断はあるか

　組織での立場がどうであれ、日々求められるものが意思決定です。ときに厳しい決断を迫られることもあるでしょう。大きなプロジェクトで決断を誤れば、莫大な損失を出す可能性もあります。ゆえに、誰もが完全な解決策を望み、慎重になります。しかし、結果的にその決断が正しかったかどうかは、実はそう簡単に答えの出ることではありません。

　また、決断の善し悪し以前に、「決断すること」自体に意味があることもあります。自らの夢だった自動車会社を起こし、一代で大企業に築き上げたヘンリー・フォードのこの言葉は、難しい決断だからといってindecision（決断しない状態）を続けていれば、つまり態度を保留し続けていれば、自分も組織も停滞してしまう、ということを説いたものです。

より正しい決断のために決断する

　「アメリカ自動車産業の父」と呼ばれるフォードですが、フォードモーター社を立ち上げるまでに、2度、会社を倒産させています。またT型フォードを売り出し、大成功をおさめるまでには、実にA型からS型までの車を開発しました。正しい決断をする最良の方法は、多くの決断をすることと言っていいのかもしれません。決断の後、物事がある程度進展して成否が明らかになれば、問題の本質を知ることができます。そして、それは次の決断の糧となるからです。

英語表現

"Indecision is often worse than wrong action."

　フォードの残した言葉には簡潔で印象的なフレーズが多く、ことわざのように言い継がれているものがいくつもあります。indecisionのin-は、否定の意味。decision（決断）の否定ですから、「決断しないこと、優柔不断」という意味です。inability（無能）、incorrect（正しくない）なども同じようにin-の付いた単語です。worseは、言うまでもなくbadやillの比較級。「決断を保留にした状態」は、wrong decision（間違った決定）より悪いということです。

人物のエピソード　　　　　　　　　　　EPISODE　Henry Ford

大量生産方式確立の陰で

　かつて自動車は、一部の富裕層だけの特別な交通手段でした。それを、一般庶民の手の届くものにして、アメリカ、ひいては世界の交通事情を変えたのがフォードです。それまでの車作りは、何人もの工員が、台の上に載せられた1台の車につきっきりになって、いくつもの作業をこなすというものでした。フォードはそれを細かく分業化して効率的な工程を確立、生産台数を飛躍的に伸ばしたのです。しかし、こうして1人1人の作業が誰にでもできる単純なものになると、それまで車作りに誇りを持っていた熟練工たちが意欲を失い、単調な作業と厳しい管理に拒否反応を示して職を離れるようになります。フォードは、労働者を集めるため、未熟練工に対する賃金としては当時の相場の約2倍に当たる1日5ドルの高賃金を支払わざるをえませんでした。

Decision Making 2

Being right half the time beats being half-right all the time.

「常に半分しか正しくない状態より、しばしば正しい、というほうがいい」

Malcolm S. Forbes (マルコム・S・フォーブス) ⇒ *p.107*

half the timeは「しばしば」の意味の決まり文句で、正確に「半分の時間」という意味ではありません。フォーブスが言っているのは、「いつも中途半端な状態より、たとえ間違っているときがあっても態度をはっきりさせたほうがいい」ということです。

Decision Making 3

It is in the small decisions you and I make every day that create our destiny.

「運命を決めるものは、日々、下している小さな決断にある」

Anthony Robbins (アンソニー・ロビンズ) *1960-*
アメリカの作家。コーチングの第一人者。

create one's destinyは「運命を決める」という意味。「決断している」という自覚のないまま下している日々の小さな決断が、自分の将来を決めているということです。

Decision Making 4

> ***Wherever you see a successful business, someone once made a courageous decision.***

「成功したビジネスでは、必ず誰かが一度は英断を下している」

Peter Drucker (ピーター・ドラッカー) ⇒ *p.51*

Wherever you see ～, someone ... は決まり文句で、Wherever you see a bankrupt company, someone made a bad decision.（倒産した会社があれば、そこでは誰かが間違った決断をしている）などのように使います。

Decision Making 5

> ***A lot of people are afraid to tell the truth, to say no. That's where toughness comes into play. Toughness is not being a bully. It's having backbone.***

「真実を告げ、『ノー』と言うことを恐れる人は多い。このときこそ強さがものをいう。強さとは、弱い者いじめをすることではない。気骨を持つということである」

Robert Kiyosaki (ロバート・キヨサキ) *1947-*
ハワイ生まれの日系四世。投資家、実業家、作家。

日本でもベストセラーになった『金持ち父さん貧乏父さん』の著者の言葉です。come into play で「関係してくる」、bully は「いじめっ子、ごろつき」、have backbone で「気骨がある、根性がある」という意味です。

Decision Making 6

> *Everything that is happening at this moment is a result of the choices you've made in the past.*

「今この瞬間に起きていることはすべて、これまでに行ってきた選択の結果である」

Deepak Chopra（ディーパック・チョプラ）*1946-*
インド生まれ。医学博士でウエルビーイング分野の第一人者。

現状は、過去に下してきた小さな決断の積み重ねだということです。

Decision Making 7

> *Decide what you want, decide what you are willing to exchange for it. Establish your priorities and go to work.*

「求めるものを決めなさい。代わりに犠牲にするものを決めなさい。優先順位をつけ、取りかかるのだ」

H. L. Hunt（H・L・ハント）*1889-1974*
石油ビジネスの成功者。アメリカの石油王と呼ばれる。

exchange A for B で「AをBと交換する」、go to work は「取りかかる、一生懸命やる、がんばる」といった意味です。

Decision Making 8

The unique ability to take decisive action while maintaining focus on the ultimate mission is what defines a true leader.

「最終的な目標に向かっているときに、決断力のある行動をとれる比類なき能力こそ、真のリーダーかどうかを決めるものである」

Robert Kiyosaki (ロバート・キヨサキ)

decisive は、「解決となる、決定的な」という意味の形容詞。

Decision Making 9

Remember, a real decision is measured by the fact that you've taken new action. If there's no action, you haven't truly decided.

「本当の決断とは、あなたが新しい行動を起こしたという事実によって評価されるものだ。行動しなければ、本当の意味で決断したわけではないのである」

Anthony Robbins (アンソニー・ロビンズ)

be measured by ~は「~で評価される」ということ。

Decision Making 10

> ***There are two primary choices in life; to accept conditions as they exist, or accept the responsibility for changing them.***

「人生には2つの大切な選択がある。ひとつは状況を受け入れること、ひとつはその状況を変える責任を受け入れることである」

Denis Waitley (デニス・ウェイトレー) *1933-*
アメリカの作家、コンサルタント。

問題にぶつかったとき、すぐに文句を言う人がいますが、ウェイトレーが示した「大切な選択」は2つだけ。「文句を言う」は含まれていません。現状を受け入れるのか、それを変えるのか、どちらかです。

Decision Making 11

> ***Our power is in our ability to decide.***

「決断する能力にこそ実力が現れる」

Buckminster Fuller (バックミンスター・フラー) *1895-1983*
アメリカの思想家、デザイナー、建築家、詩人。

powerにはさまざまな意味がありますが、ここでは「才能、能力、実力」というニュアンス。is in は is found in の省略と考えられます。

Decision Making 12

> *Most discussions of decision making assume that only senior executives make decisions or that only senior executives' decisions matter. This is a dangerous mistake.*

「意思決定の議論の多くには、幹部だけで決めること、または、幹部による決定だけが重要であるという前提がある。これは危険な過ちだ」

Peter Drucker (ピーター・ドラッカー) ⇒ *p.51*

かつて決断をすることは今よりずっと簡単でした。今ほど情報は多くなく、テクノロジーをはじめ万事がゆっくり変化していたからです。こうした時代には、会社のトップがすべての決断を担うことも可能でした。ところが、どんな産業でも一夜にして大きな変化が起きる現代では、1人、もしくはひと握りの人間がすべての決定を担うことは不可能です。ドラッカーは、Making good decisions is a crucial skill at every level. (優れた決断を下すことはどんなレベルにおいてもきわめて重要な技術である) とも言っています。社員1人1人に、決断する能力と権限を持つことが求められている時代だと言えるでしょう。

第8章
困 難
Difficulty

Close-up
▼

日産V字回復の立役者
Carlos Ghosn
（カルロス・ゴーン）

1954-

©時事

フランスのルノー社および日本の日産自動車のCEOであり社長。ブラジルのポルト・ヴェーリョで生まれる。6歳のとき、父親の祖国レバノンのベイルートに移住。パリのエコール・ポリテクニークで化学工学の学位を取得した後、エコール・ド・ミーヌに進学。卒業後、ミシュラン社に入社。工場長などを務めた後、同社南米事業COOとしてブラジルに赴任。その後、北米事業のCEOに。1996年、ルノー社CEOからの誘いを受け、上席副社長に。99年には、ルノーと日産自動車の提携を推進、日産COOとして来日。低迷していた同社を3年で再建。その手腕は世界に知られるところとなる。2001年、日産社長兼CEOに就任。2005年、日産のCEOに留まりながら、ルノーCEOに就任。数カ国語を操る。

Difficulty 1

> *I'm happy when competition is strong. It gives us more opportunity to improve our operations and products.*

by Carlos Ghosn

「競争相手が強いのは幸運なことだ。われわれに、事業運営や商品を改善する、より多くのチャンスを与えてくれる」

notes
competition　競争、競争相手
operation　運営

● 言葉の背景

困難をポジティブにとらえる

　ビジネスに困難はつきものです。それにどう向き合うかが経営者の力量であり、ビジネスパーソンの力の問われるところ。物事には両面あります。「成功」に恐るべきネガティブな部分が隠されているように、「困難」にはポジティブな面もあります。

　1999年、低迷する日産自動車のCOO（最高執行責任者）として日本を訪れたカルロス・ゴーンの前には困難が山積していました。しかし、誰もが再建不可能と見なしていた日産を見事再生し、日本のみならず世界を驚かせます。ネガティブな面だけを見ていたら、とてもなし得なかった快挙でしょう。

独占状態は開発力低下を招く

　強力なライバルの出現も困難のひとつに違いありません。アメリカのジョージ・ブッシュ元大統領はかつてこう言いました。「アメリカが独裁政権で、私が独裁者であれば、物事はもっと簡単だったはずだ」と。もちろんこれはジョーク（と願うところ）ですが、私たちも、ビジネスの世界においては、競合相手のいない独占状態であれば、ことは簡単だと考えるはずです。

　しかし、仮に競合相手が出現しない独占状態が続けば、技術力は磨かれず、商品を改良するスピードは鈍り、開発力は低下します。そう考えれば競合相手の出現を、ゴーンのようにhappyととらえるのは正しい見方と言えるでしょう。強いアスリートのいる競技でどんどん記録が更新されるのは、ライバル関係の存在に負う部分が少なくありません。ビジネスの世界も同じです。

英語表現

> *"I'm happy when competition is strong. It gives us more opportunity to improve our operations and products."*

2つ目の文のItは、前の文の「competition is strong＝競争が激しい」状況を指します。give ~ an opportunity to... は「〜に…する機会を与える」という意味。My boss gave me an opportunity to give a presentation.（上司が、プレゼンのチャンスをくれた）、The good weather gave us an opportunity to make a lot of progress.（天気がよかったので、ずいぶん進んだ）のように使います。operationは、ビジネスにおける運営のこと。ストレートながら、力強いリーダーシップを感じる言葉です。

人物のエピソード　　　EPISODE　Carlos Ghosn

部門横断チームの結成で問題を検討

日産のV字復活劇は、ゴーンがビジネスマンとしての実績をスタートさせたフランスのミシュラン社での数々の経験に裏打ちされたものでした。赤字続きのブラジル・ミシュランでの業績回復、アメリカのユニロイヤル・グッドリッチ社買収など、難題を任されたゴーンは、苦しみながらも見事な舵取りで次々と問題を解決していきます。その際、彼が取り入れたのがCFT（クロス・ファンクショナル・チーム）と呼ばれるマネジメント手法でした。互いに「他部門に問題あり」と考える部署の担当者を集めて部門横断的なチームを作り、そこであらゆる問題を多角的に検討するのです。異なる企業文化を融合し、セクショナリズムを解消する。この手法は日産再生で大いに威力を発揮しました。

Difficulty 2

> *A brand for a company is like a reputation for a person. You earn reputation by trying to do hard things well.*

「会社のブランドは、人の評判に似ている。難題に必死に取り組むことで得るものなのだ」

Jeff Bezos (ジェフ・ベゾス) *1964-*
アマゾン・ドット・コムの創業者。

テレビCMを使わず、サービスの充実を徹底することで「アマゾン」のブランドを浸透させた創業者、ベゾスの言葉です。

Difficulty 3

> *Face reality as it is, not as it was or as you wish it to be.*

「過去の姿でも、願望でもなく、あるがままの現実に向き合うことだ」

Jack Welch (ジャック・ウェルチ) ⇒ *p.137*

face realityは「現実に向き合う、取り組む」という意味。物事をポジティブに考えることは大切ですが、問題点も含めて現実を直視して理解することは、前進するために不可欠な作業です。Hope is not a solution.(希望は解決ではない)というフレーズも、ビジネスの世界ではよく使われる表現です。

Difficulty 4

> ***Your most unhappy customers are your greatest source of learning.***

「最も不機嫌なカスタマーは、そこから学ぶことのできる貴重な存在である」

Bill Gates (ビル・ゲイツ) ⇒ *p.9*

sourceは「もと、原因、根源」の意味。消費者の苦情とどう向き合うかは、企業の姿勢を問う試金石とも言えます。

Difficulty 5

> ***The most courageous act is still to think for yourself. Aloud.***

「今もなお最も勇気のいる行動とは、自分の頭で考え続けることである。そしてそれを声に出すことだ」

Coco Chanel (ココ・シャネル) ⇒ *p.97*

ここでのstillは、「かつてと比べて自由になったこの時代でも」というニュアンス。大切なのは、自分の頭で考えること。そして、ときに摩擦の原因になろうとも、それを声に出して伝えることだとシャネルは言っています。

Difficulty 6

When you're going through hell, keep going.

「地獄を体験しているなら、そのまま突き進め」

Winston Churchill（ウィンストン・チャーチル）*1874-1965*
第2次世界大戦時のイギリスの首相。

go through hell は日常生活でよく使う決まり文句で、I went through hell today.（今日は地獄だった）などと言います。

Difficulty 7

Obstacles are those frightful things you see when you take your eyes off your goal.

「障害物とは、ゴールから目をそらしているときに恐ろしく見えるものだ」

Henry Ford（ヘンリー・フォード）⇒ *p.75*

take one's eyes off は、「目をそらす」という意味。「障害は、目標から目をそらしたとき、恐ろしいものとして目に映る」という意味です。

Difficulty 8

> *It's not whether you get knocked down, it's whether you get up.*

「ノックダウンされたかどうかが問題なのではない。起き上がるかどうかが問題なのだ」

Vince Lombardi（ヴィンス・ロンバルディ）*1913-1970*
アメリカンフットボールのチーム「グリーンベイ・パッカーズ」を率いた名将。

ここでのitは「大事なこと」を指します。知将と崇められた監督の言葉ですが、ビジネスの世界にも当てはまるものでしょう。

Difficulty 9

> *Most of the important things in the world have been accomplished by people who have kept on trying when there seemed to be no hope at all.*

「この世の中で重要なことの多くは、なんの希望もないと思われるときでも挑戦をやめなかった人々によって成し遂げられてきた」

Dale Carnegie（デール・カーネギー）*1888-1955*
アメリカの作家、実業家。自己啓発書を多数執筆。

keep on ～ ingで「～し続ける」、at all は「少しも」という意味です。

Difficulty 10

> *Every defeat, every heartbreak, every loss, contains its own seed, its own lesson on how to improve your performance the next time.*

「すべての敗北、悲嘆、損失には種があり、次の業績向上のためのレッスンがある」

Og Mandino（オグ・マンディーノ）*1923-1996*
アメリカの作家。自己啓発書にベストセラー多数。

performance は「成果、功績、出来映え」の意味です。

Difficulty 11

> *How you think about a problem is more important than the problem itself—so always think positively.*

「重要なのは、問題そのものより、問題についてどう考えているかである。だから、常に前向きに考えることだ」

Norman Vincent Peale（ノーマン・ヴィンセント・ピール）
1898-1993
プロテスタントの伝道師。

think about ～は「～についてよく考える」ということ。ちなみに、think of ～は「～に思いが及ぶ、～のことを思いつく」というニュアンスです。

Difficulty 93

Difficulty 12

> *In this business if you're good, you're right six times out of ten. You're never going to be right nine times out of ten.*

「このビジネスでうまくやっていれば、当たるのは10回に6回だ。10回に9回当たることなどあり得ない」

Peter Lynch（ピーター・リンチ）*1944-*
アメリカの有名な投資家。ファンド・マネジャー。

投資信託で成功したピーター・リンチの言葉です。たとえこれが投資について語ったものであっても、ビジネス全般にも同じことが言えそうです。ビジネスには粘り強さも大切。それなのに、最初の4回でやめてしまう人のなんと多いことか。あと6回成功するかもしれないのに。

Difficulty 13

> *To avoid criticism, do nothing, say nothing, be nothing.*

「批判を避けるなら、何もせず、何も言わず、何者にもならないことだ」

Elbert Hubbard（エルバート・ハバード）*1856-1915*
アメリカの作家、教育者。

注意深く物事を進めていても批判は避けられません。重要なことをしたり言ったりすれば、批判にさらされます。しかし、批判を気にしていては前には進めません。何者かになりたいなら、批判を避ける必要はないということです。

Difficulty 14

> ***Nothing is particularly hard if you divide it into small jobs.***

「細かい仕事に細分化すれば、さして困難なものはない」

Henry Ford（ヘンリー・フォード）⇒ *p.75*

徹底した分業によって、大衆車の大量生産を可能にしたフォードの言葉ですが、何か問題に直面したときのヒントとしても読めるでしょう。直面した問題の大きさや手強さに面食らって動けなくなることがあったら、一度その問題を細切れにしてみることです。細分化した問題をひとつひとつ片付けていく算段ができれば、問題解決のめどは立つはずです。

Difficulty 15

> ***When obstacles arise, you change your direction to reach your goal; you do not change your decision to get there.***

「障害が発生したとき、変えるのは、ゴールに到達するための方向である。目標達成への決意ではない」

Zig Ziglar（ジグ・ジグラー）*1926-*
アメリカで最も有名なモチベーターの1人。講演、著作多数。

障害に行き当たった際、change すべきもの、すべきでないものを対比させたジグラーの名言です。

Difficulty 16

> *All the adversity I've had in my life, all my troubles and obstacles, have strengthened me ... You may not realize it when it happens, but a kick in the teeth may be the best thing in the world for you.*

「人生で体験した逆境、トラブル、障害そのすべてが私を強くしてくれた。渦中にあるときには気づかないかもしれないが、ひどい仕打ちは、あなたに最も必要なものかもしれない」

Walt Disney (ウォルト・ディズニー) ⇒ *p.21*

kick in the teeth で「つらいことを経験する、衝撃的な出来事に遭う」という意味です。adversity はトラブルや障害のこと。逃げずに立ち向かえば、あるとき、それが自分を正しい方向に導くきっかけとなったことに気づくはずだと、ディズニーは言っています。

Difficulty 17

> *A problem is a chance for you to do your best.*

「困難こそ、最善を尽くすチャンスである」

Duke Ellington (デューク・エリントン) *1899-1974*
アメリカのジャズピアニスト。

do one's best (最善を尽くす) は、日常生活でよく使われる表現。

第9章
創造性
Creativity

Close-up
▼

20世紀のファッションリーダー
Coco Chanel
（ココ・シャネル）

1883-1971

©dpa/PANA

フランスのファッションデザイナーの草分け。フランスのソーミュールに生まれるが、母の死、父の育児放棄によって孤児院へ。17歳のとき、孤児院を出てムーランの修道院に。翌年には針子の修行を始め、1909年、帽子のデザインから本格的なビジネスを開始。1920年代には香水も発売。1930年代にはハリウッドに渡り、映画の衣装を手がけるなど、目覚しい活躍をするが、第2次世界大戦勃発とともに店を閉鎖。1954年、移住先のスイスよりパリに戻り、70歳でファッション界に復帰。その先進的な考えは20世紀のファッション界に大きな影響を与えた。『TIME』誌の「20世紀で最も影響を与えた人物100人」で、ファッション界から唯一選出される。

Creativity 1

In order to be irreplaceable one must always be different.

by Coco Chanel

「かけがえのない存在になるには、常に人と違っていなければならない」

> **notes**
> irreplaceable　かけがえのない

● 言葉の背景

変わり者になる勇気

　企業や従業員にとって、身を守る最善の方策は、irreplaceable（かけがえのない存在）になることです。企業にとって、自社の製品が代用のきかないものであるうちは、ビジネスは安泰。社員であれば、自分の仕事が企業にとってほかの人にはできないものであることをアピールできれば、自分の身は安定したものになります。

　そんな代用不可能な無二の存在になる確かな方法は、different（変わり者）になることだとココ・シャネルは言っています。創造性を発揮し、あなたしか作り出せないものを作り、あなたにしかできないサービスを提供するのです。当時のファッションの常識をことごとくくつがえしてきたシャネルがそうであったように、「変わり者」は批判にさらされることもあるでしょう。しかし、局面が変われば、必要とされるときはきっと来ます。

変わり者を生かす企業に

　よく、日本社会は変わり者がつまはじきにされると言われます。イタリアに留学したある日本人声楽家は、平均点は高くても突出した才能が誕生しにくい日本の声楽界に対して、イタリアの場合、平均点は低いが、天才と呼ばれる人が輩出される土壌があると語りました。日本のサッカー界に突出したストライカーがなかなか現れないのも根は同じかもしれません。

　しかし、人と同じことをやっていればリスクのなかった時代は終わりました。日本の企業も、ユニークな人材を排除せず、いかに生かすかがますます問われる時代になってきたのではないでしょうか。

英語表現

"In order to be irreplaceable one must always be different."

differentは「違う」という意味ですが、He's different.と言えば「彼は変わり者だ」、料理を食べてThis is different.と言えば、遠回しな「不味い」という意味の表現になり、ネガティブな意味合いを含みます。Be different.は「変わり者になりなさい」というニュアンス。oneは、日常生活ではあまり登場しませんが、One must always be willing to try.（人は常に挑戦する姿勢でいなければならない）のように、一般論や人生論を語る場合に「人、人間」という意味でよく使われる単語です。

人物のエピソード

EPISODE Coco Chanel

今の「当たり前」は昔の「異端」

20世紀のファッション界をリードしたシャネルは、伸縮性のあるジャージ素材を服の生地に使用し、膝までの短いスカートや、ポケットのついたジャケットなどを発表して評判を呼びました。女性用のパンツを作ったのもシャネルです。現代の女性たちから見れば、どれも珍しいものではありませんが、コルセットをつけることが一般的だった当時としては、常識を覆す大胆な発想だったのです。こうして、体を締め付ける服装から解放され、動きやすい服を手に入れた女性たちは、どんどん外で働くようになりました。シャネルのファッションは、女性のビジネス界進出を促したとも言えるでしょう。

Creativity 2

Without deviation from the norm, progress is not possible.

「規範からはずれることなくして進歩などあり得ない」

Frank Zappa (フランク・ザッパ) *1940-1993*
アメリカの作曲家、ギタリスト。

deviationは「脱線、はずれること」、normは「通常のやり方」という意味。個人も企業も進歩したいと思いながら、同時にリスクを冒すことを恐れてもいます。大きなリスクを負わないひとつの方法は先人の跡をたどることですが、もちろんそれでは大きく進展することはできません。

Creativity 3

What is now proved was once imagined.

「今、立証されていることは、かつては空想でしかなかった」

William Blake (ウィリアム・ブレイク) *1757-1827*
イギリスの詩人で画家。

コンピュータや携帯電話など、今、現実のものとなっているものの多くは、かつては想像の世界のものでした。今、想像力を働かせることが、将来の創造につながるということです。be proved（証明される）は、It's been proved that ～（～が証明された）などのように、科学の分野でよく使われる言い回しです。

Creativity 4

> ***Those who create are rare; those who cannot are numerous. Therefore, the latter are stronger.***

「創造する人は少ない。創造できない人は山ほどいる。それゆえ、後者が強いのである」

Coco Chanel (ココ・シャネル) ⇒ *p.97*

子供から大人になる過程で人は、創造的であることはときに批判の対象になることを知ります。こうして創造性を失った大人が世の多数派になります。クリエイティブな人間が、数に勝る非創造的な人々に打ち勝つには、批判を無視することも必要でしょう。常に既成概念と闘ってきたシャネルならではの言葉です。

Creativity 5

> ***Making the simple complicated is commonplace; making the complicated simple, awesomely simple, that's creativity.***

「単純なことを複雑にするのは普通のこと。複雑なものを単純に、ものすごく単純にする、それがクリエイティビティである」

Charles Mingus (チャールズ・ミンガス) *1922-1979*
アメリカのジャズ・ベーシスト。作曲家。

awesomely（すばらしく）は、awesome（すばらしい、最高な）とともに、とくにアメリカの若者がよく使う言葉です。

Creativity 6

> *Do not follow where the path may lead. Go instead where there is no path and leave a trail.*

「道のあるところを進むな。道のないところを進み、道を残すのだ」

Ralph Waldo Emerson (ラルフ・ウォルド・エマーソン)
1803-1882 アメリカの作家、思想家、哲学者。

超絶主義を提唱したアメリカの思想家、エマーソンの言葉。「道」をあらわす2つの単語が出てきました。pathは、目的地に行くために多くの人がいつも利用する出来上がった道で、trailは、ときおり誰かが利用する程度の狭い道のイメージです。多くの経営者は、pathを通ることを好みますが、成功するのは、pathのない場所を進む人たちです。

Creativity 7

> *To imagine the unimaginable is the highest use of the imagination.*

「想像できないものを想像することは、想像力の最大利用である」

Cynthia Ozick (シンシア・オジック) *1928-*
アメリカの女流作家。

the unimaginableは「想像できないもの、想像を絶するもの」ということ。作家らしい言い回しです。

Creativity 8

> *The real mark of the creative person is that the unforeseen problem is a joy and not a curse.*

「不測の事態が起きたとき、それを禍いではなく喜びとできるのが、真に創造的な人物だ」

Norman Mackworth（ノーマン・マックワース）
イギリスの心理学者、認知科学者。

real markは「真の証」ということ。curseは「禍い、やっかいなこと」の意味です。

Creativity 9

> *A business has to be involving, it has to be fun, and it has to exercise your creative instincts.*

「ビジネスは熱中できるものでなくてはいけない。面白くなくてはいけない。そして創造的な直観力を働かせるものでなくてはいけない」

Richard Branson（リチャード・ブランソン）⇒ *p.31*

a businessは、a successful businessと読み替えると理解しやすいでしょう。

Creativity 10

Life isn't about finding yourself. Life is about creating yourself.

「人生は自分探しではない。人生とは、自分の創造である」

George Bernard Shaw（ジョージ・バーナード・ショー）
1856-1950 アイルランド出身の劇作家。

自分はいったい何者なのか。自分本来の姿とは……。人は人生の節目によくこの問いに突き当たります。日本でも「自分探し」という言葉が流行りましたが、自分というものは「探す」ものなのでしょうか。バーナード・ショーは、人生をかけて「創造」することなのだと言っています。

Creativity 11

Think big, think fast, think ahead. Ideas are no one's monopoly.

「大きなことを考え、素早く考え、先を読むのだ。アイデアは、誰の専有物でもない」

Dhirubhai Ambani（ディルバイ・アンバニ）*1932-2002*
インド最大の財閥、リライアンス・グループの創業者。

monopolyは「専売特許、専有物、独壇場」などの意味。アイデア次第で、すべての人に成功するチャンスがある —— 一代で大企業を築いたアンバニならではの言葉です。

Creativity 12

Any activity becomes creative when the doer cares about doing it right, or doing it better.

「きちんとやろう、もっと上手にやろうと思えば、どんな行動も創造的になる」

John Updike (ジョン・アップダイク) *1932-*
アメリカの作家、詩人。

doerは、doに、人を意味する-erを付けた名詞で、「やる人、行為をする人」を意味します。

Creativity 13

Discovery consists of seeing what everybody has seen and thinking what nobody has thought.

「誰もが見たことがあることを見て、誰も考えたことのないことを考える。その積み重ねが『発見』である」

Albert Szent-Gyorgyi (アルベルト・セント・ジョルジ)
1893-1986 ハンガリー出身の心理学者。ノーベル生理学医学賞受賞。

世紀の発見といっても、それは実は誰もが目にしているもの。肝心なのは、そこから、誰も気づかなかった真理を導き出すことです。consist of ~で「~から成り立つ、~で構成される」という意味。

第10章
能力・資質
Ability

Close-up
▼

有力経済誌を育てた億万長者
Malcolm S. Forbes
（マルコム・S・フォーブス）

1919-1990

©Kyodo News

『フォーブス』誌の元発行人。アメリカ・ニューヨーク生まれ。プリンストン大学卒業。1946年、父親バーティー・フォーブスが創業したフォーブス社に入社。1952〜58年はニュージャージー州上院議員も務める。父の死から3年後の1957年より同社の発行する経済誌『フォーブス』編集長に。兄であるブルース・フォーブスが亡くなった1964年には経営者兼発行人となる。彼の指揮の下、『フォーブス』誌は大成長を遂げ、フォーブス社は不動産業界など異業種にも事業を拡大。1980年、息子であるスティーブ・フォーブスに社長の座を譲る。1990年に急逝。ジェット機、牧場、フランスの城などを所有し、その華麗なライフスタイルは伝説になっている。1973年には、熱気球で初めてアメリカ大陸横断にも成功した。

Ability 1

Too many people overvalue what they are not and undervalue what they are.
by Malcolm S. Forbes

「現実の自分ではない姿に過剰に憧れ、真の姿を過小評価する人があまりにも多い」

notes
overvalue　過大評価する
undervalue　過小評価する

● 言葉の背景

自分を信じて能力を伸ばす

　自分の能力や才能を仕事に生かしたい。これは誰もが思うことでしょう。しかし、自分の真の力を把握していない人は意外と多いようです。周りの誰かを過大評価（overvalue）して、ないものねだりをしたり、自分を必要以上に過小評価（undervalue）してみたり……そんな誤解から、チャンスを逃している人もいるかもしれません。

　マルコム・S・フォーブスは、ability（能力）について、Ability will never catch up with the demand for it.（能力が要求に追いつくことはない）とも語っています。つまり、能力に対する要求が能力を上回るのが常だということです。大切なのは、人の才能をうらやんでばかりでなく、自らを信じて努力を重ねること、そして、ときに周囲の評価とも向き合い、自らの才能を見極めることです。

州知事落選を機に出版業に本腰

　フォーブスについては、莫大な遺産にものを言わせた派手なライフスタイルに注目が集まりがちですが、ビジネスマンとしても先見性とカリスマ性を併せ持った人物だったと言われています。父親から経済誌『フォーブス』を引き継ぐと、大企業トップの経営手腕を辛口な記事で斬る編集方針を貫き、発行部数70万部を超える人気誌に育てました。第2次世界大戦後、恐慌の到来を恐れる人々を尻目に、好況の到来を予測したとも言われています。

　フォーブスは、政治にも大いに興味を示し、州の上院議員を務めていたこともありましたが、州知事選で破れたのを機に出版業に本腰を入れ、成功をおさめました。彼なりに才能を見極めた結果だったのかもしれません。

英語表現

"Too many people overvalue what they are not and undervalue what they are."

　overvalue（過大評価する）とundervalue（過小評価する）の2つを対比することで、詩のようなリズムを生んでいるフレーズです。valueは「価値」を表す名詞のほかに、「見積もる、大事にする」という意味の動詞としても使います。overvalueとundervalueは、stock（株価）についてもよく使われる単語で、This stock is overvalued. であれば「（実際の価値より）株価が高すぎる」、This stock is undervalued. であれば「値段以上の価値がある＝今が買い時」ということになります。

人物のエピソード

EPISODE　Malcolm S. Forbes

莫大な金に惑わされないのも才能？

　フォーブスは、賢明なビジネスマンでしたが、ほかの偉大な経営者たちと異なっていたのは、彼が父から莫大な遺産も地位も受け継いだことです。しかし、親から引き継いだ遺産を食いつぶし、会社もつぶしてしまう例が世の中に数多くある中、彼は巨額の富に踊らされることなく、出版事業を拡張させ、他事業にも進出して成功をおさめました。大金に惑わされないこともまた、才能のひとつといえるのかもしれません。フォーブスは、財産についての質問には、冗談まじりに「それは私の純粋な才能だ」と言ってかわしていました。その才能というのは"i-n-h-e-r-i-t-a-n-c-e"、つまり、相続である、と。

Ability 2

If you think you can, you can. And if you think you can't, you're right.

「できると思ったら、できる。できないと思えば、その通りになる」

Mary Kay Ash (メアリー・ケイ・アシュ) ⇒ *p.63*

できると思えばできるし、できないと思えばできない。同様の主旨のことは、ほかにも多くのトップリーダーたちが言っています。「できること」の中から「やりたいこと」を選ぶのではなく、始めに「やりたいもの」ありきで考えれば、可能性はぐんと広がるでしょう。

Ability 3

You have wings. Learn to use them and fly.

「あなたには翼がある。それを使うことを学び、飛びなさい」

Rumi (ルミ) *1207-1273*
トルコの詩人。アフガニスタン生まれ。

ここで言う「翼」とは能力のことでしょう。私たちはみな能力を持っています。しかし、大切なのは、能力を持っていることより、それを使うことを学ぶことです。13世紀の詩人の言葉が深い感銘を与えてくれます。

Ability 4

Success is the maximum utilization of the ability that you have.

「成功とは、持っている能力を最大限利用することである」

Zig Ziglar (ジグ・ジグラー) *1926-*
アメリカで最も有名なモチベーターの1人。講演、著作多数。

utilizeを類語辞典で引けば、同義語としてuse (使う) という表現が載っているはずですが、この2つの単語には大きな違いがあります。utilizeは「最大限活用する、上手に役立たせる」という意味。能力のない人はいません。ただ、それを最大限発揮していない人がいるだけです。「モチベーションアップ」の分野に初めてスポットを当てた人物、ジグ・ジグラーの言葉です。

Ability 5

Asking the right questions takes as much skill as giving the right answers.

「正しい質問をすることは、正しく答えるのと同じくらいの技術を要する」

Robert Half (ロバート・ハーフ) *1948-2007*
アメリカの実業家。雇用サービスビジネスの草分け。

日本でも一時期「質問力」という言葉が話題になりましたが、質問をすることは、物事の本質をとらえ、相手の真の姿をつかむのに非常に有効な手段です。

Ability 6

> *Everybody has talent, it's just a matter of moving around until you've discovered what it is.*

「すべての人に才能はある。問題はただ、それが何かを見つけるまで動き回るかどうかである」

George Lucas (ジョージ・ルーカス) *1944-*
映画監督、映画プロデューサー、脚本家。

move aroundは、「動き回って模索する」という意味です。

Ability 7

> *If we did all the things we are capable of doing, we would literally astonish ourselves.*

「できうることすべてを実行してみれば、必ずや自分自身が驚くことだろう」

Thomas Edison (トーマス・エジソン) *1847-1931*
アメリカの発明家、起業家。

いかに私たちが自らの能力のほんの一部しか使っていないかを言い表した発明王エジソンの言葉。literallyは本来「文字通り」という意味ですが、日常会話ではよくreallyと同じように使われます。

Ability 8

Nobody's a natural. You work hard to get good and then work hard to get better.

「生まれつきの名人はいない。腕を磨くために必死になり、さらに腕を上げるためにまた必死になるのだ」

Paul Coffey (ポール・コフィ) *1961-*
アイスホッケーの選手。

naturalは、She is a natural teacher.（彼女は生まれついての教師だ）のように、しばしば「天才」と同じようなニュアンスで使われます。

Ability 9

I believe everybody is creative, and everybody is talented. I just don't think that everybody is disciplined.

「私は、すべての人に想像力があり、才能があると信じている。ただ、誰もがきちんと行動に移せるわけではないということだと思う」

Al Hirschfeld (アル・ハーシュフィールド) *1903-2003*
アメリカの風刺漫画家。

ここでのdisciplineは、「自分を動かす、自制する」という意味の動詞。創造性や才能があっても、それに気づかず、また使うことに集中しなければ、ないも同然ということです。

Ability 10

> ***One of the greatest discoveries a man makes, one of his great surprises, is to find he can do what he was afraid he couldn't do.***

「1人の人間にとって偉大な発見であり大きな驚きのひとつは、できないと思っていたものができることを知ることだ」

Henry Ford（ヘンリー・フォード）⇒ *p.75*

かつては man＝人類でしたが、現在はそれを避ける傾向にあります。今の言葉で言えば、a man は a person、he は you に置き換えられるでしょう。

Ability 11

> ***Aerodynamically, the bumblebee shouldn't be able to fly, but the bumblebee doesn't know it so it goes on flying anyway.***

「航空力学的には、マルハナバチは飛べるはずがない。そのことを知らないから飛び続けているのだ」

Mary Kay Ash（メアリー・ケイ・アシュ）⇒ *p.63*

起業した化粧品会社を一代で大企業に育てたアシュの言葉。既成概念や先入観にとらわれないことも、能力を発揮するひとつのカギであるということです。

Ability 12

> *Confidence can get you where you want to go, and getting there is a daily process. It's so much easier when you feel good about yourself, your abilities and talents.*

「自信があれば、望む場所に到達できる。日々、目指すべき場所に向かって進むのだ。自分自身、そして自分の能力や才能に自信を持っていれば、それはずっと簡単にできる」

Donald Trump (ドナルド・トランプ) *1946-*
アメリカの実業家で作家。大富豪として知られる。

「アメリカの不動産王」として名を馳せるトランプが、自らのサイトで語った言葉。「自信こそ、毎日を最大限に生きるために必要なもの」というのがトランプの主張です。get there は「そこに到着する」という意味だけでなく、「目的を達する」「着実に前進する」という意味でも使います。feel good about 〜は「〜で気分がいい」「〜に自信がある」という意味。

第11章

行　動

Action

Close-up
▼

アメリカ自動車業界の救世主
Lee Iacocca
(リー・アイアコッカ)

1924-

©Kyodo News

クライスラー社の元会長兼CEO。アメリカ・ペンシルバニア州アレンタウンのイタリア移民一家に生まれる。1946年、フォード・モーター社にエンジニアとして入社。販売部門に転属すると、頭角を現し、画期的な自動車ローンを導入するなどしてゼネラルマネジャーに昇進。その後も、ニューモデル「フォード・ムスタング」を発表するなどで注目を集め、1970年、同社社長に。しかし、業績好調の中、1978年に解任。その後、クライスラー社の会長兼CEOとなり、低迷する同社を鮮やかな手腕で再生させた。1980年代には、輸出にも積極的に取り組む。1978年から同社社長兼CEO、翌年から会長職。1992年に退任。その後、EVグローバルモーターズ社を立ち上げ、電動自転車の販売を手がけた。

Action 1

> *So what do we do? Anything. Something. So long as we just don't sit there.*
>
> by Lee Iacocca

「それでは、どうすればいいか。何でも。何か。ただぼうっとしていない限りは」

notes
just sit there　何もしない、怠ける

● 言葉の背景

動かなければ立ち止まるシカと同じ

アメリカでは、最も危険な動物のひとつはシカだとも言われます。彼らは、クマのように人を襲ったりはしませんが、夜、道路を横断する際、近づいてくる車のヘッドライトに照らされると、道の真ん中で動かなくなってしまうため、車とぶつかり、重大な事故の原因になることが多いのです。

人も企業も、危機が迫ってくるのをわかっていて動かなければ、その先に待っている事態は容易に想像できます。

始めない言い訳はいくらでもできる

リー・アイアコッカは、CEOとして招かれたクライスラー社で、想像以上に悲惨な同社の状況を目の当たりにし、矢継ぎ早に手を打っていきました。頭数ばかり多い副社長の解任を断行、従業員の大量解雇や一部工場の閉鎖など、徹底したコスト削減に取り組む一方、優秀な人材を雇い入れ、過剰な在庫を一掃しました。こうして、同社は復活を遂げたのです。

このアイアコッカの言葉には続きがあります。If we screw it up, start over. Try something else. If we wait until we've satisfied all the uncertainties, it may be too late.（台無しにしたら、やり直せばいい。何か別のものに挑戦するのだ。すべての不安を払拭するまで待つのは遅すぎる）。

踏み出さない言い訳はいくらでもできます。何かを始めるのに障害のひとつや2つはあるのが当たり前だからです。しかし、仮にすべての障害をクリアして環境を整えることができたとしても、そのときには機を逸しているはず。とにかくanything（何でも）、something（何か）始めることが大切なのです。

英語表現

> *"So what do we do? Anything. Something. So long as we just don't sit there."*

　anythingとsomething、似ているようでニュアンスの大きく違う言葉です。anythingは「どんなつまらないことでも、どんな小さなことでも、何でも」のニュアンス。一方、somethingは、「とにかく何か」という積極的なニュアンスです。so long asは、「〜であれば、〜である限り」の意味で、You can do it, so long as it costs less than $1,000. (1000ドル以下の経費なら、何でもできる)のように使います。just sit thereは「ただそこに座っている」というより、「何もせずにぼうっとしている」イメージ。つまり、この文のメッセージは、「ぼうっとしている以外なら、何でもやれ。とにかく何かをやれ」ということです。

人物のエピソード

EPISODE Lee Iacocca

業績好調の最中に社長解任

　画期的な自動車ローンのプラン「56 for 56」(56ドルで56年型車を) や、ヒットモデルの開発などで手腕を発揮したアイアコッカは、フォード・モーター社生え抜きの社長となりました。しかし、その抜きん出た力量は逆に創業者の曾孫に当たるオーナー経営者、ヘンリー・フォード2世の疑心暗鬼を呼び、アイアコッカは、腹心のスタッフを次々と解雇されるなど、さまざまな嫌がらせを受けます。そして、ついには解雇。そのとき、フォード2世は「とくに理由はない。誰かを嫌いになることもある」と言ったとか。しかし、その手腕がすでにビジネス界で広く知られていたアイアコッカは、すぐにクライスラー社に会長兼CEOとして迎え入れられ、伝説の経営者となりました。

Action 2

> *Even if you're on the right track, you'll get run over if you just sit there.*

「たとえ正しい方向を向いていても、そこに座っているだけなら、ひかれてしまう」

Will Rogers（ウィル・ロジャース）*1879-1935*
アメリカの喜劇俳優。

be on the right track は「正しい方向を向いている」という意味ですが、track が「鉄道の線路」を指すことを利用して、コメディアンらしくユニークな言い回しにしています。

Action 3

> *The way to get started is to quit talking and begin doing.*

「スタートをきる方法は、しゃべるのをやめて動き始めることだ」

Walt Disney（ウォルト・ディズニー）⇒ *p.21*

ディズニーは、人生で多くのことを成し遂げましたが、どん底も経験しました。そんなとき、いくらでも後ろ向きのことを語ることができたはずですが、彼は進み続けました。行動を起こすことが成功の第一歩、を体現したのです。

Action 4

The only man who never makes mistakes is the man who never does anything.

「ミスをしない人間は、何もしない人間だけだ」

Theodore Roosevelt (セオドア・ルーズベルト) *1858-1919*
アメリカの第26代大統領。

一見ややこしい言い回しに見えますが、who never makes mistakes とwho never does anything が並列と考えれば、理解しやすいはず。伝説のメジャーリーガー、ベーブ・ルースは、ホームラン王と称される一方で、三振王とも呼ばれていました。日本語のことわざで言えば、「虎穴に入らずんば虎児を得ず」といったところでしょう。

Action 5

Well done is better than well said.

「よく為すは、よく語るに勝る」

Benjamin Franklin (ベンジャミン・フランクリン) *1706-1790*
アメリカの政治家、物理学者。

初期のアメリカのリーダーの1人であり、ライター、スピーカー、外交家、科学者、発明家でもあったフランクリンは、スピーチの名手として知られるとともに、行動する人でもありました。フランクリンならではの簡潔でわかりやすい名言です。

Action 6

> *Luck is a dividend of sweat. The more you sweat, the luckier you get.*

「幸運は、汗の賜物である。汗をかけばかくほど幸運は得られる」

Ray Kroc (レイ・クロック) ⇒ p.41

クロックの有名な言葉です。dividend はもともと「配当(金)」を意味しますが、ここでは「結果」の意味。The+比較級+you 〜 , the+比較級 ... はよく使われる構文で、The less you spend, the more money you'll have. (使う金が少ないほど、お金は貯まる) など、「〜するほど…」という意味になります。

Action 7

> *Knowing is not enough; we must apply. Willing is not enough; we must do.*

「知ることだけは十分ではない。それを使わなくてはいけない。やる気だけでは十分でない。実行しなくてはいけない」

Johann Wolfgang von Goethe
(ヨハン・ヴォルフガング・フォン・ゲーテ) *1749-1832*

ドイツの詩人、小説家、劇作家。科学者、政治家としても活躍。

対比を使ったインパクトのある表現。文法的にはdoの後ろに伴うべきitを省くことで、インパクトの強い表現になっています。

Action 8

> ***What little thing can you do today that will make you more effective? You are probably only one step away from greatness.***

「自身の向上のために、今日できる小さなこととは何か。あなたは成功までおそらくもう一歩のところにいるはずである」

Bob Proctor(ボブ・プロクター) *1944-*
成功哲学、財産形成に関するスピーカーの第一人者。

あと少しのがんばりや工夫ができるかどうか。成否を決める要素は、実は小さなことである、ということです。

Action 9

> ***What you have to do and the way you have to do it is incredibly simple. Whether you are willing to do it is another matter.***

「しなくてはいけないことも、そのやり方もきわめて単純だ。やる気があるかどうか。それは別問題である」

Peter Drucker(ピーター・ドラッカー) ⇒*p.51*

ドラッカー特有の言い回しですが、言っていることはきわめてシンプル。成功するためにしなくてはいけないことは、たいていの人がわかっているのです。それが大変なことであることに気づいて避けているだけ。人間の弱さを見事に突いた名言と言えるでしょう。

Action 10

> ***The people who get on in this world are the people who get up and look for the circumstances they want and if they can't find them, make them.***

「この世界で成功する人とは、立ち上がって自分の求める環境を探し、見つからないときにはその環境を作る人間である」

George Bernard Shaw（ジョージ・バーナード・ショー）
1856-1950 アイルランド出身の劇作家。

get on in this world は「成功する」という意味。この言葉には、People are always blaming circumstances for what they are. I don't believe in circumstances.（人は常に現状を環境のせいにする。私は環境というものを信じていない）という前段があります。つまり、成功する人間は、うまくいかない原因を自分を取り巻く環境のせいにしない、ということ。環境が整っていないと感じれば、それを自ら変えて作り出すのです。文句を言っているだけで行動しなければ、成功は手に入りません。

Action 11

Action without vision just passes the time. Vision with action can change the world.

「ヴィジョンなき行動は時間の浪費だ。行動を伴うヴィジョンが世界を変える」

Joel Barker (ジョエル・バーカー) *1952-*
アメリカの作家。

pass the timeは「暇をつぶす」という意味。バーカーは、たとえ行動を起こしても、未来への明確なヴィジョンがなければ意味がないと警告しています。

Action 12

Any supervisor worth his salt would rather deal with people who attempt too much than with those who try too little.

「まともな上司なら、少ししかトライしない者より、トライしすぎるくらいの人間を相手にする」

Lee Iacocca (リー・アイアコッカ) ⇒*p.117*

worth his saltは「給料に見合う働きがある」という意味。つまり、しっかりと人を見ている上司なら、リスクを避けて行動しない人材より、果敢に攻める人材を重用するものだということです。アイアコッカは、低迷するクライスラー社のCEOに就任した際、幹部が縄張り争いをする惨状を見て、「無能な管理職は無能な部下を重用し、互いの無能さを隠し合っている」と評しました。

第12章
態度・姿勢
Attitude

Close-up
▼

マイクロクレジットの創始者
Muhammad Yunus
（ムハマド・ユヌス）

1940-

©時事

バングラデシュのグラミン銀行総裁で、経済学者。イギリス統治下のバングラデシュ南部のチッタゴンに生まれ、チッタゴンカレッジ、ダッカ大学を卒業。その後、渡米し、1969年にヴァンタービルト大学で経済博士号を取得。ミドルテネシー州立大学で助教授として経済学を教えた後、バングラデシュ独立後の1972年に帰国、チッタゴン大学経済学部長に就任。1976年に貧しい農村部向けの低金利、無担保融資プロジェクトを開始する。「マイクロクレジット」と呼ばれるこの手法は後にグラミン銀行として結実。この成功は、世界に影響を与え、2006年、ユヌスはグラミン銀行とともにノーベル賞を受賞した。共著に『ムハマド・ユヌス自伝——貧困なき世界をめざす銀行家』などがある。

Attitude 1

> *My greatest challenge has been to change the mindset of people. Mindsets play strange tricks on us. We see things the way our minds have instructed our eyes to see.*

by Muhammad Yunus

「私の最大の課題は、人々の固定概念を変えることだ。固定概念は奇妙ないたずらをする。私たちは、物事を、われわれの心が目に命じたように見ているものなのだ」

notes

mindset　心構え
play tricks on　いたずらをする

● 言葉の背景

貧困なき世界への険しい第一歩

　私たちの行動は、多かれ少なかれ固定概念に基づいたものです。いくら先入観のない、柔軟な考え方の持ち主と自認する人であっても、自分で気づかないうちに固定概念にとらわれてしまっているもの。そうした一人一人の概念を変えるのは容易なことではありません。

　貧困なき世界を目指し、貧困層への低金利・無担保の融資プロジェクトを成功させたムハマド・ユヌスも、当初、このプロジェクトの話がどの銀行にも相手にされないという困難に直面しました。貧困層が融資先になり得るという概念が誰にもなかったからです。

見方と態度を変えれば、世界が変わる

　ユヌスは、小さな成功を続けた結果、プロジェクトを全世界に広げることに成功します。成功のカギは、ユヌス自身が考えを変えたことにありました。貧しい農村で貧困層を目の当たりにしたユヌスは、これまで自分が学んできた経済学が現実に対してあまりにも無力であることに気づき、疑念を抱いたのです。富める者はより富み、貧しい者はより貧しくなる。この現状に胸を痛めたユヌスは、貧困撲滅のための現実的な方法を探りました。それを体現したのがグラミン銀行です。

英語表現

"My greatest challenge has been to change the mindset of people. Mindsets play strange tricks on us. We see things the way our minds have instructed our eyes to see."

　この言葉の核となっているのがmindsetという単語です。あまり馴染みのない単語かもしれませんが、mind（気持ち）とは明らかに意味合いが違います。setは、set the pole in cement（セメントでポールを固定する）などと言うときに使う「固定する」という意味の単語ですから、mindsetは「考え」よりもっと強固なもの、なかなか変えられない考え方、といったニュアンスになります。日本語の「固定概念」に近いかもしれません。play a trick on ～は「～にいたずらをする、一杯くわす」という意味です。

人物のエピソード　　EPISODE　Muhammad Yunus

ポケットマネー27ドルから始まったプロジェクト

　1976年にチッタゴン大学近くのジョブラ村の貧しい一家を訪れたユヌスは、村の女性たちが、竹細工の材料となる竹を買うわずかな現金がないばかりに、貧困から抜け出せずにいる現状を目の当たりにします。彼女たちは竹を買い入れる際の借金の返済に、竹細工の利益を当てていたのです。見かねたユヌスはポケットマネーから27ドルを提供し、42人の女性に対して低金利のローンを開始しました。これが「貧者の銀行」と呼ばれるグラミン銀行プロジェクトの始まりです。無担保にもかかわらず、そのときの貸付金は全額、返金されました。この無担保融資「マイクロクレジット」の成功は、世界に大きな影響を与え、途上国だけでなく、アメリカなどの先進国にも広がっています。

Attitude 2

He who stops being better stops being good.

「向上することをやめれば、よい状態も保てない」

Oliver Cromwell (オリバー・クロムウェル) *1599-1658*
イギリスの政治家、軍人。

He who ～はやや古い言い回しで、現在の日常会話ではあまり使いませんが、ことわざなどではよく登場します。クロムウェルは、進歩しようと思う気持ちがなくなれば、今の状態をキープすることもできないのだと言っています。人生、仕事、どちらにも通じる戒めでしょう。

Attitude 3

You can always become better.

「いつでも進歩できる」

Tiger Woods (タイガー・ウッズ) *1975-*
アメリカのプロゴルファー。

ウッズの活躍を支えているのは、生来の精神力でも運動神経でもなく、日々の練習です。彼は No matter how good you get you can always get better and that's the exciting part.（どれほどよい状態であろうと、もっと上を目指せる。これこそエキサイティングなこと）とも語っています。

Attitude 4

> *Any fact facing us is not as important as our attitude toward it, for that determines our success or failure.*

「われわれが直面している問題はどれも、それに対峙するわれわれの態度ほど重要ではない。態度こそ、成否を決めるものだからである」

Norman Vincent Peale(ノーマン・ヴィンセント・ピール)
1898-1993 プロテスタントの伝道師。

ここでのany factは問題、壁などの障害を意味しています。

Attitude 5

> *A happy person is not a person in a certain set of circumstances, but rather a person with a certain set of attitudes.*

「幸福な人とは、ある種の環境にいる人のことではない。ある種の態度の人である」

Hugh Downs(ヒュー・ダウンズ) *1921-*
アメリカの元人気テレビキャスター。

set of circumstancesやset of attitudesのset ofは、同種のものの「一組、一そろい、一式、一群」のこと。つまり、幸福なのは、ある特定の環境にいるからではなく、ある特定の態度を持っているからだということです。

Attitude 6

Forgiveness is a perfectly selfish act. It sets you free from the past.

「人を許すということは、まったくもって自分のための行動である。それは過去から私を自由にする」

Brian Tracy (ブライアン・トレイシー) *1944-*
カナダ生まれの作家。自己救済に関する著書や講演多数。

人を許すのは、人のためではなく自分のためであるとトレイシーは言っています。許せば、過去のくびきから解放されて一歩前進できるということです。

Attitude 7

It is your attitude, not your aptitude, that determines your altitude.

「あなたの高さを決めるのは、あなたの才能ではなく、態度である」

Zig Ziglar (ジグ・ジグラー) *1926-*
アメリカで最も有名なモチベーターの1人。講演、著作多数。

講演の名手ジグラーは、しばしば言葉遊びをします。この名言も、attitude (態度)、aptitude (才能)、altitude (高さ)という3つの似た響きを持つ言葉を使った印象的なフレーズです。

Attitude 8

Take the attitude of a student, never be too big to ask questions, never know too much to learn something new.

「生徒の姿勢でいなさい。質問できないほど尊大になるべからず。未知のことを学べないほど物知りになるべからず」

Og Mandino（オグ・マンディーノ）*1923-1996*
アメリカの作家。自己啓発書にベストセラー多数。

学生に向けた言葉ではなく、むしろ知識も得て地位も築いた人に向けての言葉でしょう。学び続けなければ、今の知識も地位も保つことはできません。とくに変化の激しいこの時代では。

Attitude 9

It's easier to go down a hill than up it, but the view is much better at the top.

「丘を登るより丘を下るほうが簡単だ。ただ、景色は頂上から見るほうがずっといい」

Arnold Bennett（アーノルド・ベネット）*1867-1931*
イギリスの小説家、劇作家、ジャーナリスト。

経験した人は誰もが、山頂から見える景色の美しさを知っています。人生も仕事も同じでしょう。

Attitude 10

Life is not fair; get used to it.

「人生は公平ではない。そのことに慣れよう」

Bill Gates (ビル・ゲイツ) ⇒ *p.9*

ゲイツが高校生に向けて語った「人生のルール」のひとつですが、ゲイツのみならず、アメリカの母親たちが子供によく言う言葉。get used to ~ (~に慣れなさい) には「あきらめて受け入れなさい」というニュアンスも含まれます。境遇に不満を抱いて腐っても何も始まらない、という戒めです。

Attitude 11

Of all the attitudes we can acquire, surely the attitude of gratitude is the most important and by far the most life-changing.

「身につけられる態度のうち最も大切なものは、感謝の態度である。そして、それは人生を変えるほど大きなものである」

Zig Ziglar (ジグ・ジグラー)

gratitude (感謝) の気持ちを持つことこそ、自分の心持ちひとつでできるものです。感謝してくれる人との仕事は誰でも楽しいもの。感謝すれば、まずは周囲の人の態度が変わってくるはずです。

Attitude 12

When you're curious, you find lots of interesting things to do.

「好奇心があれば、取り組むべき興味深いことはたくさん見つかる」

Walt Disney (ウォルト・ディズニー) ⇒ *p.21*

curious (好奇心旺盛) であり続けたディズニーの言葉です。

Attitude 13

I am deaf to the word 'no.'

「私は、『ノー』という言葉には耳を貸さない」

Dhirubhai Ambani (ディルバイ・アンバニ) *1932-2002*
インド最大の財閥、リライアンス・グループの創業者。

be deaf to the word は、直訳すれば「私には〜という言葉は聞こえない」ですが、転じて「私には〜という単語はない」というニュアンス。

第13章
変 化
Change

Close-up
▼

巨大組織を再生した伝説のCEO
Jack Welch
(ジャック・ウェルチ)
1935-

©Kyodo News

ゼネラル・エレクトリック社 (GE) 元CEO。アメリカ・マサチューセッツ州に生まれる。マサチューセッツ大学で化学工学を専攻。卒業後、イリノイ大学で化学工学の博士号を取得。1960年、ゼネラル・エレクトリック社入社。68年には33歳で、同社史上、最も若くしてゼネラルマネジャーとなり、72年、部門担当の副社長に就任。1981年には会長兼CEOとなった。以降、2001年の退任まで、社内でリストラを中心としたドラスティックな改革を行い、経営手腕を発揮。"伝説の経営者"と呼ばれる。1999年には『フォーチュン』誌で「20世紀最高の経営者」に選出された。

Change 1

Change before you have to.
by Jack Welch

「変革せよ。変革を迫られる前に」

notes
have to しなければならない

● 言葉の背景

変化のタイミングが運命を決める

　ビジネスの世界で「変化」は避けようのないものです。しかし、変化するタイミングは企業にとって、また、個人にとっても大変重要なもの。変えるべきときは必ず来るとわかっているから、将来を見越して今変えるのか、すぐに変える必要はないので、将来必要となるときまで待つのか。この判断は、その後の企業の行方を大きく左右します。

　今変えようと思えば、検討する十分な時間が得られます。考え、準備し、計画した上で、今ベストと思われるアクションが起こせます。しかし、変革が迫られたときに変えるとなれば、最善の方法ではなく、より短期で成果の出る方法を選ばざるを得なくなります。

スピードのある大企業に

　ゼネラル・エレクトリック社(GE)の元CEOジャック・ウェルチは、"伝説の経営者"とも呼ばれています。人も部門もバッサリ切り捨てるそのドラスティックな手法は、経営者への桁外れの報酬や政府からの多額の企業助成金とともに、人々の批判の対象になりましたが、GEを官僚体質の巨大企業から、高収益体質のコングロマリットに成長させた手腕は誰もが認めるところでしょう。ウェルチは、莫大な売上高と膨大な労働力を強みとする巨大なタンカーの様相を呈していた当時のGEを、機敏に方向転換できる企業、つまり小企業の機動力を有する大企業に再生させたのです。実際、こうした手法は、多くの企業の手本となりました。

英語表現

"Change before you have to."

have to、must、need to。いずれも「しなくてはいけない」という意味で使うものですが、この3つには異なるニュアンスがあります。まず、must は We must save the earth. (われわれは地球を守らなくてはいけない) のように、比較的大きな出来事を言うときに使います。need to は「したくないことではない」が「しないといけない」ときの言い方。I need to get my hair cut. (髪を切ってもらわないと) のような使い方です。そして、have to を使うのは「したくないこと」を「しないといけない」場合。つまり、before you have you は「切羽詰まって仕方なくやる状況になる前に」という意味になります。

人物のエピソード

EPISODE Jack Welch

自信喪失から救った母の言葉

ウェルチは幼い頃、吃音に苦しめられました。自信を失いかねなかったその状況から救ってくれたのは、母親の愛情あふれる言葉でした。ウェルチの母は、こういって彼を励ましたのです。「言葉に障害があるのでなく、頭の回転が速すぎるだけ」と。ウェルチは、GEのCEOとして、自らが示した方針に沿わない人材を容赦なく切り捨てる一方、p.69でも紹介しているように、人を動かすには自信を与えることが大切だと常に説いてきました。自信があれば人は動く、と。それは、もしかすると、彼の幼少時代の記憶につながっていたのかもしれません。

Change 2

> ***The question is not whether we are able to change but whether we are changing fast enough.***

「要は、変化できるか否かではない。十分なスピードで変化しているかどうかである」

Angela Merkel（アンゲラ・メルケル）*1954-*
ドイツ連邦共和国第8代首相。

the question is 〜は「要は〜、大事なことは〜」という意味。「変化」はビジネスの世界の掟ですが、変化だけでなく、その速さも求められているということです。

Change 3

> ***They always say that time changes things, but you actually have to change them yourself.***

「よく、時が物事を変えると言うが、本当は自分自身で変えなくてはいけないのだ」

Andy Warhol（アンディ・ウォーホル）*1928-1987*
アメリカのポップアートの旗手。

誰かをなぐさめるとき、しばしばTime changes things.（時が物事を変える）と言います。確かに時間が大きな力になってくれることもあります。しかし、ビジネスの世界では、待っているだけで事態が好転することはほとんどありません。古い権威に立ち向かい、アート界に旋風を巻き起こしたウォーホルの言葉です。

Change 4

Little men with little minds and little imaginations go through life in little ruts, smugly resisting all changes which would jar their little worlds.

「心も想像力も小さな人間は、小さな枠にはまった考えの中で人生を送る。小さな自分の世界を変えてしまうだろうすべての変化を、心得顔でことごとく拒絶しながら」

Zig Ziglar（ジグ・ジグラー）*1926-*
アメリカで最も有名なモチベーターの1人。講演、著作多数。

rutは「決まりきった型」のこと。jarは「動かす、変化させる」、smuglyは「独善的に、独りよがりに、心得顔で」という意味。

Change 5

Change is the law of life. And those who look only to the past or present are certain to miss the future.

「変化は人生の常である。過去と現在ばかり見ている人は、必ず未来を見逃す」

John F. Kennedy（ジョン・F・ケネディ）*1917-1963*
アメリカの第35代大統領。

the law of ～は「～の掟」という決まり文句で、Change is the law of life. は、

「変化は決まりごとであって、避けることができないもの」というニュアンス。ケネディは「10年以内に人類は月の上を歩く」と語り、アメリカ国民の目を将来の大プロジェクトに向けさせることに成功しました。

Change 6

We always overestimate the change that will occur in the next two years and underestimate the change that will occur in the next ten. Don't let yourself be lulled into inaction.

「われわれはいつも、この先2年間に起きるだろう変化を過大評価しすぎる。そして、この先10年間に起きる変化を過少評価しすぎる。慢心してはいけない」

Bill Gates (ビル・ゲイツ) ⇒ *p.9*

estimateは「予測する」という意味ですが、overをつけると、「過大評価する」「高く見積もる」という意味になり、underをつけるとその逆の「過小評価する」「低く見積もる」「甘くみる」といった意味になります。lull into ～は「人を安心させて～させる」という意味。目先の変化はよく見えますが、見えることばかりにとらわれていると、10年先を見越した計画ができなくなるということです。

Change 7

> *Willingness to change is a strength, even if it means plunging part of the company into total confusion for a while.*

「変革への意欲は強みである。たとえそれで、しばらくの間、会社を完全な混沌状態に陥らせることになったとしても」

Jack Welch(ジャック・ウェルチ) ⇒ *p.137*

plungeは「追い込む」「浸す」という意味。変化は痛みを伴います。ときに会社を混乱させることもあるでしょう。しかし、今やらなければ将来さらに大きな混乱を招き、会社自体を衰退させることになるかもしれないのです。ウェルチの経営手法には賛否両論ありますが、断固とした変革の姿勢には学ぶべきところが少なくありません。

Change 8

> *There are two kinds of fools: those who can't change their opinions and those who won't.*

「愚か者には2種類ある。意見を変えられない者と意見を変えようとしない者だ」

Josh Billings(ジョシュ・ビリングス) *1818-1885*
アメリカの講師、ヒューモリスト。

can't(〜できない)と、won't(〜する意思がない)を対比させた表現です。

Change 9

> *If you don't like something change it. If you can't change it, change your attitude. Don't complain.*

「気に入らないものがあれば、それを変えればいい。それを変えられなければ、あなたの態度を変えればいい。文句は言うべからず」

Maya Angelou (マヤ・アンジェロ) *1928-*
アメリカの詩人、女優

It's easier to complain about an egg than to lay one.(卵を産むより、卵に文句を言うほうが楽)という表現があるように、文句を言うのは簡単。でも、それでは現状は変わりません。

Change 10

> *Company cultures are like country cultures. Never try to change one. Try, instead, to work with what you've got.*

「企業文化とは国の文化のようなものである。変えようとするのではなく、その中で自分のできることを考えよ」

Peter Drucker (ピーター・ドラッカー) ⇒*p.51*

company culturesは「企業文化、社風」のこと。Work with what you've got.はよく使われる表現で、「これでやるしかない、これで間に合わせるしかない」という意味です。

Change 11

If change is happening on the outside faster than on the inside, the end is in sight.

「外部で起こっている変化が内部の変化よりも早くなったら、もう終わりの日は近い」

Jack Welch (ジャック・ウェルチ) ⇒ *p.137*

be in sight は「目の届く距離」のこと、つまり「近い」の意味。

Change 12

The most successful businessman is the man who holds onto the old just as long as it is good, and grabs the new just as soon as it is better.

「最も成功するビジネスマンとは、古いものは良い状態である限りできるだけ長く持ち続け、新しいものは、よりよい状態になったらすぐに手に入れる人間のことである」

Robert P. Vanderpoel (ロバート・P・ヴァンデルポール)
アメリカの経済コラムニスト

ビジネスに携わる者は、商品やサービスの状況、それらを受け入れる世間の動向を常に見極める力が必要であるということです。

Change 13

> *In this business, by the time you realize you're in trouble, it's too late to save yourself. Unless you're running scared all the time, you're gone.*

「この業界では、ヤバいと思ったときには手遅れなのだ。常に危機感を持っていなければ生き残れない」

Bill Gates (ビル・ゲイツ) ⇒*p.9*

run scaredは「恐怖感で走る」、つまり「危機感を持つ」という意味。you're goneは「もう終わり」のニュアンスです。

Change 14

> *If everything seems to be under control, you're just not going fast enough.*

「もしすべてが落ち着いて見えるのであれば、自分の動いているスピードは十分ではない」

Mario Andretti (マリオ・アンドレッティ) 1940-
イタリア系アメリカ人のレーシングドライバー。

レーサーの言葉。ビジネスの世界でも十分に通用する名言です。under controlは「落ち着く、問題なく進む」の意味。

Change 15

> *The world is changing very fast. Big will not beat small anymore. It will be the fast beating the slow.*

「世界は急速に変化している。もはや大が小を負かしたりはしない。速いものが遅いものを負かす」

Rupert Murdoch(ルパート・マードック) *1931-*
オーストラリア出身の実業家。メディア王と称される。

theは、後ろに形容詞を伴って、ある集合体や人々を指すことがあります。ここでは、the fast(速い人々、速いもの)、the slow(遅い人々、遅いもの)という意味。

第14章
時 間
Time

Close-up
▼

復活を遂げた稀代のクリエイター
Steve Jobs
（スティーブ・ジョブズ）

1955-

©Kyodo News

アップル社の共同創業者であり、会長兼CEO。アメリカ・カリフォルニア州で養子として育てられ、子供の頃からコンピュータに興味を持つ。オレゴン州のリード大学を半年で中退。1976年、ヒューレット・パッカード社のインターンシップで出会ったスティーヴン・ウォズニアックとともにパーソナルコンピュータを作ることに成功、翌年アップル社を設立する。急成長を遂げるも、1985年、自らが招いた人物に会社を追われる。コンピュータ・プラットフォーム開発を手がけるNeXT社を立ち上げ、さらにピクサー社を設立してアニメ業界で成功をおさめ、1996年には、アップル社に復帰。iMacのヒットにより、マーケットシェア5％にまで落ち込み、低迷していた同社を再生させる。2000年にCEO就任（1997年より暫定CEO）。iMac以降も、iPod、iTunesとヒットを飛ばしている。

Time 1

> *Your time is limited, so don't waste it living someone else's life.*
>
> *by Steve Jobs*

「時間には限りがある。だから、誰かの人生を生きることで浪費すべきではない」

notes
waste 無駄にする

● 言葉の背景

毎日が人生最後の日であるかのように

　これは、2005年、スタンフォード大学の卒業式でスティーブ・ジョブズが行った有名なスピーチの一節です。この言葉は、さらに Don't be trapped by dogma—which is living with the results of other people's thinking.(定説にからめとられてはいけない。それは、他人の考えた結果とともに生きていくということだから) と続きます。また、ジョブズはこのスピーチの中で、17歳のときに読んで感銘を受けたという言葉も紹介しました。それは、If you live each day as if it was your last, someday you'll most certainly be right.(毎日を人生最後の日であるかのように生きれば、いずれその通りになる日がくるだろう) というものです。それからジョブズは、毎朝、鏡に向かって、「今日が最後の日なら、今日やろうとしていることははたしてやりたいことなのか」と自問するようになったと言います。そして、その答えが No. である日が何日も続けば、何かを変える必要があると知る、と。

時間の価値を認識する

　ジョブズの言うように、時間は無限ではありません。ジョブズは、スピーチの1年前の2004年、ガンで余命3～6カ月と宣告されました。幸い手術が成功してその危機から逃れることができましたが、死を現実のものと感じた体験で、「時間」をより強く意識するようになったのかもしれません。

　時間が大切なものであると思えば、その貴重な時間の使い道を真剣に考えるようになります。ジョブズの言葉は、生き方に関わるものですが、人生の中で仕事をする時間の占める割合を考えれば、仕事のやり方にも大いに関わる言葉と言えるでしょう。

英語表現

"Your time is limited, so don't waste it living someone else's life."

　liveは通常は「生きる、暮らす」という意味の自動詞として使われることが多いのですが、ここでは、後ろに目的語を伴って「〜の生活をする、〜を生きる」という意味で使われています。つまり、ここではsomeone else's life (ほかの誰かの人生) をlive (生きる) という意味になります。waste 〜 ... で「…で〜を無駄にする」という意味。ここでのitはyour timeを指しますから、your timeをliving someone else's lifeで無駄にするな、という意味になります。

人物のエピソード

EPISODE　Steve Jobs

寄り道がマックの美しさに

　独自の美意識と価値観を貫くジョブズの姿勢は、「個人主義」「くせ者」「偏屈」などの評判を呼びますが、彼の手がけた機能的かつ洗練された商品は、熱狂的なユーザーを確実に生み出してきました。アップル社のマッキントッシュ・コンピュータの特徴のひとつ、フォントの美しさの原点は、彼が学生時代、興味本位で受講して夢中になったカリグラフィーの授業にあります。当時のジョブズにとって、これは「寄り道」でしかありませんでしたが、この知識が10年のときを経てコンピュータ制作で花開いたのです。ジョブズは後に、「バラバラの点が、将来自分の進む道で必ずつながっていくと信じることが大切だ」と語っています。

Time 2

> ***Wisdom is the power to put our time and our knowledge to the proper use.***

「知恵とは、時間と知識を正しく使う能力のことである」

Thomas J. Watson (トーマス・J・ワトソン) *1874-1956*
IBM 初代社長。

wisdom は「知恵、賢明さ」のこと。put ~ to ... で「~を…に当てる、~を…に用いる」という意味になります。

Time 3

> ***I never waste time looking back.***

「私は決して過去を振り返ることに時間を浪費しない」

Eleanor Roosevelt (エレノア・ルーズベルト) *1884-1962*
アメリカの第32代大統領フランクリン・ルーズベルトの夫人。

ファーストレディであり、五男一女の母であり、自らも女性やマイノリティなど、人権擁護の立場から精力的な活動を行ったエレノア夫人の言葉。彼女にとって、過去を振り返る時間などなかったのでしょう。

Time 4

> ***Don't spend time beating on a wall, hoping to transform it into a door.***

「そのうち扉に変わるだろうと期待しながら壁を叩き続けるようなことに時間を費やしてはいけない」

Coco Chanel (ココ・シャネル) ⇒ *p.97*

spend time 〜 ingで、「〜をすることに時間を使う」という意味。成功には粘り強さも必要ですが、違うと思ったときには方向転換も必要だということです。

Time 5

> ***You will never find time for anything. You must make it.***

「何をするにも時間は見つけるものではない。作るものだ」

Charles Buxton (チャールズ・バクストン) *1823-1871*
イギリスの政治家、作家。

find timeは「(何も予定がない)時間を探す」、make timeは「(予定を動かすなどして)時間を作る」というニュアンス。

Time 6

> *Until you value yourself, you will not value your time. Until you value your time, you will not do anything with it.*

「自分自身に価値を見出さないうちは、自分の時間も大事にしない。自分の時間を大事にしないうちは、その時間で価値あることをやろうとは思わないだろう」

M. Scott Peck (M・スコット・ペック) *1936-2005*
アメリカの精神科医。

valueは「価値を見出す、大事にする」という意味。時間を無駄にしている人は、自分自身を大事にしていないのと同じということです。

Time 7

> *Everything comes gradually and at its appointed hour.*

「すべては徐々に、そして指定された時間に起こる」

Ovid (オーヴィッド) *B.C.43-A.D.17*
イタリアの詩人。日本では「オウィディウス」の発音でも知られている。

appointed hour（指定された時間）といった表現を含め、とても詩的な一文です。この文を普通に言うなら、Everything happens gradually and when it's supposed to happen.となるでしょうか。成功にはタイミングもあります。一生懸命働いて、そのときを待つ。ときに忍耐も必要ということでしょう。

Time 155

Time 8

> *You can't just ask customers what they want and then try to give that to them. By the time you get it built, they'll want something new.*

「消費者にほしいものを聞いてそれを与えるだけではだめなのだ。完成する頃には、彼らはもう新しいものをほしがっているのだから」

Steve Jobs (スティーブ・ジョブズ) ⇒ *p.149*

現在の商品が飽きられたり陳腐化したりする前に消費者に新商品を供給する。これは、アップル社のみならず、現代の企業の多くが目指してきたことでしょう。

Time 9

> *We need time to dream, time to remember, and time to reach the infinite. Time to be.*

「私たちには夢みる時間、思い出す時間、宇宙のはてに思いを馳せる時間が必要だ。あなた自身になるための時間である」

Gladys Taber (グラディス・テイバー) *1899-1980*
アメリカの作家。

infiniteは「無限の存在、神、宇宙のはて」の意味。Time to be. はTime to be yourself. と考えるとわかりやすいでしょう。

第15章
失 敗
Failure

Close-up
▼

伝説のファンドマネジャー
George Soros
(ジョージ・ソロス)

1930-

©AFP＝時事

アメリカの投資家で慈善活動家、政治活動家。ハンガリー生まれ。1947年にイギリスに移住し、ロンドン・スクール・オブ・エコノミクスを卒業する。ポーター、ウエイター、マネキン工場での工員など職を転々とした後、ロンドンの商業銀行に入行。1956年、アメリカのウォール街へ。鞘取り仲買人として活躍した後、1973年に個人投資銀行ソロス・ファンド（現クウォンタム・ファンド）を設立。1992年のヨーロッパの通貨危機の際には、イギリスの通貨であるポンドの空売りをし、莫大な利益を得るなど、「ヘッジファンド」を世に知らしめた。オープン・ソサエティ・インスティテュート会長、外交問題評議会の元メンバー。

Failure 1

> *My approach works not by making valid predictions but by allowing me to correct false ones.*
>
> *by George Soros*

「私のやり方がうまくいっているのは、確かな予測をしているからではない。誤った予測を修正することを許容しているからだ」

notes

prediction 予測
valid 確かな、有効な
false 誤った

● 言葉の背景

失敗のとらえ方が成否を決める

　私たちは、成功した人を見ると、間違いを犯さなかったから成功したのだろうと思いがちです。しかし、そんなことはありません。成功した人も、もちろん間違いを犯すし、失敗もしているはずです。

　ただし、成功する人は失敗のとらえ方が違うのです。彼らは、失敗を「行き止まり」ではなく、ゴールに行き着くためのよりよい道を示すサインと考えます。つまり、失敗の数ほど弱くなるのではなく、賢くなっていくというわけです。ジョージ・ソロスが言うように、成功の秘訣は、失敗をしないように正しいことだけをやろうとするのではなく、失敗をしても、失敗を生かしながら前に進むことなのでしょう。

「人間の理解力は不完全」を投資に生かす

　ソロスはまた、Once we realize that imperfect understanding is the human condition, there is no shame in being wrong, only in failing to correct our mistakes.（人間の理解力など本来不完全なものであるということを知れば、間違えることなど恥ではない。恥ずべきは、誤りを正し損ねることだ）とも言っています。私たちは子供の頃から、知ること、理解すること、間違わないことをよしと教えられてきました。しかし、すべての事柄を理解している人などいません。本当に恥じるべきは、知らないことでも、理解できないことでも、間違うことでもありません。誤りを認めず正さないことです。ソロスは、この教訓を、投資手法に生かして成功しました。

英語表現

"My approach works not by making valid predictions but by allowing me to correct false ones."

　approachは「近づく」の意味ですが、my approachは、「私の近づき方」つまり「私のやり方」の意味。「アプローチ」は日本語としても定着してきましたね。allow ～ to...は、英語独特の表現で、直訳すれば「～が…することを許す」ですが、The weather won't allow us to start until Friday.（天気のせいで、金曜までスタートできなかった）のような使い方をします。not ～ but...は日本人がよく使う表現ですが、notの後には、ごく常識的なこと、当然であるとされることがきて、but以下にそれに代わる、ときに意外に思えることがくるというのが一般的な英文の構造です。

人物のエピソード

EPISODE George Soros

興味は哲学、投資は手段

　ソロスの伝説は尽きません。1992年には、イギリス政府の為替介入に対し、ポンドの空売りをしました。ポンドが大暴落し、莫大な利益を手にしたソロスに付けられた呼称は「イングランド銀行を破綻させた男」。しかし、巨額の富を手にしながら、ソロスの最終目的は、お金ではありませんでした。ウォール街で働き始めたのも、作家、哲学者として活動する資金を貯めるため。投資家として成功してからも、関心はアカデミックな分野に向けられ、投資は手段と割り切り、稼いだお金は慈善事業や政治活動に注ぎ込んでいます。

Failure 2

If you want to increase your success rate, double your failure rate.

「成功率を上げたいなら、失敗率を2倍にすることだ」

Thomas J. Watson (トーマス・J・ワトソン) *1874-1956*
IBM初代社長。

success rateとfailure rateは、製品の検査の過程でよく使われる用語。何もやらない人に成功のチャンスはありません。何度も挑戦する人には、失敗の可能性とともに、成功のチャンスも多く訪れます。失敗から学ぶことができれば、当然成功のチャンスは増えるということです。

Failure 3

Remember that failure is an event, not a person.

「失敗は出来事である。人ではない」

Zig Ziglar (ジグ・ジグラー) *1926-*
アメリカで最も有名なモチベーターの1人。講演、著作多数。

自分自身が失敗者であると思うことは、立ち上がれないほどのダメージになります。そんなときは、失敗を「過去に起きた出来事のひとつ」ととらえてみることです。そうすれば、前に進んでいく勇気が持てるはずです。

Failure 4

> *For every failure, there's an alternative course of action. You just have to find it. When you come to a roadblock, take a detour.*

「すべての失敗には、ほかにとるべき道がある。それを見つけることだ。行き止まりになったら、回り道をすればいい」

Mary Kay Ash (メアリー・ケイ・アシュ) ⇒p.63

course (道、進路)、roadblock (路上の障害物)、detour (回り道) という言葉を使い、ビジネスを道にたとえた表現です。

Failure 5

> *Develop success from failures. Discouragement and failure are two of the surest stepping stones to success.*

「失敗から成功を導け。落胆と失敗は、成功への最も確かな足がかりである」

Dale Carnegie (デール・カーネギー) *1888-1955*
アメリカの作家、実業家。自己啓発書を多数執筆。

stepping stone は「足がかり、踏み石」のこと。失敗こそ次への確実な踏み石。たたずむ間に自分の行動を振り返ることができます。落胆の中で物事を違った角度で見つめ直すこともできます。

Failure 6

> *Many people fail in life, not for lack of ability or brains or even courage but simply because they have never organized their energies around a goal.*

「人生に失敗する人は多い。能力や頭脳、まして勇気の欠如でもなく、目標へのエネルギーを集結しなかったためである」

Elbert Hubbard (エルバート・ハバード) *1856-1915*
アメリカの作家、教育者。

fail in ~は「~に失敗する」の意味。ここでは失敗の原因を、not for ~（~のせいでなく）、because ~（~のため）と述べています。

Failure 7

> *When I was young I observed that nine out of ten things I did were failures, so I did ten times more work.*

「若かった頃、手がけることの10のうち9は失敗した。だから私はさらに10倍働いたのだ」

George Bernard Shaw (ジョージ・バーナード・ショー)
1856-1950 アイルランド出身の劇作家。

nine out of tenは「高い確率」を表し、正確に9割という意味ではありませんが、ここではその表現にひっかけて ten times（10倍）と言っています。

Failure 8

> *Forget past mistakes. Forget failures. Forget about everything except what you're going to do now—and do it.*

「過去のミスは忘れなさい。失敗は忘れなさい。今やろうとしていること以外すべて忘れて、取り組むのだ」

William Durant (ウィリアム・デュラント) *1861-1947*
ゼネラル・モータース創業者。

forget ~は「~のことを完全に忘れる」というニュアンス。forget about ~は「~の存在自体は覚えているが、それにまつわることを忘れる」ということです。

Failure 9

> *I think there are two keys to being creatively productive. One is not being daunted by one's fear of failure. The second is sheer perseverance.*

「独創的にものを生み出すには2つのカギがあると思う。ひとつは、失敗への恐怖に怖気づかないこと。もうひとつは、真の粘り強さである」

Mary-Claire King (メアリー・クレール・キング) *1946-*
アメリカの遺伝学者。

日常生活では、be daunted by (~をこわがる) のかわりに be discouraged by や be scared of がよく使われます。sheer は「まったくの、完全な」という意味。

Failure 10

> ***We can't solve problems by using the same kind of thinking we used when we created them.***

「問題を起こしたときと同じような考え方では、その問題は解決できない」

Albert Einstein (アルバート・アインシュタイン) *1879-1955*
ドイツ生まれの物理学者。

アインシュタインのような科学者にとって、何かに挑戦して、失敗して、考え方を変えて、再挑戦することはごく自然なプロセス。そしてそれは、成功するための唯一確実なプロセスでもあります。

Failure 11

> ***It's fine to celebrate success but it is more important to heed the lessons of failure.***

「成功を祝うのも結構だが、もっと大切なのは失敗の教えに耳を傾けることだ」

Bill Gates (ビル・ゲイツ) ⇒ *p.9*

It's fine to 〜 , but ... は「〜するのも結構だが、…」という意味でよく使われる表現です。heedは「聞き入れる」。失敗を避け、失敗を隠すだけでなく、失敗から学ばなければ、企業は成長もできず、信頼もされません。

Failure 12

There are two kinds of failures: those who thought and never did, and those who did and never thought.

「失敗した人は2種類いる。考えたけれど実行しなかった者。もうひとつは、実行したが考えなかった者だ」

Laurence Peter (ローレンス・ピーター) *1919-1990*
アメリカの教育者。『ピーターの法則』の著者。

ここでのfailureは「失敗」ではなく「失敗者」という意味。いくら考えても実行に移さなければ、失敗したも同じこと。また、実行しても、考えなければ成功は遠いでしょう。

第16章
ビジネスモラル
Business Ethics

Close-up
▼

アメリカ資本主義批判の急先鋒
Catherine Austin Fitts
（キャサリン・オースティン・フィッツ）

1952-

©Solari, Inc.

投資コンサルタント会社、ソラリ社長。アメリカ・フィラデルフィアで育ち、ペンシルバニア大学へ。ウォートン・スクールでMBAを取得、香港中文大学で中国語を学ぶ。投資銀行ディロン・リードの取締役を経て、1989年、第1次ブッシュ政権の住宅都市開発省副長官に就任。大統領より、連邦準備銀行の理事就任の打診を受けるが、自らの投資銀行を設立するためにそれを辞退した経緯がある。1991年より、ハミルトン・セキュリティーズ・グループ社長。1998年よりソラリ社長。2006年にソラリ・インベストメント・アドバイザリー・サービスを立ち上げる。アメリカのトップ経済学者の1人として、講演や著作活動にも積極的に取り組む。

Business Ethics 1

The greatest way to manage living in a world of greater uncertainty and risk is to focus on a positive purpose that attracts you.

by Catherine Austin Fitts

「不安やリスクの増すこの世界で生きていく最良の方法は、関心の持てる、そして前向きな目的に集中することである」

notes
manage　なんとかやる
uncertainty　不明確なこと、不確かなこと
attract ～　～を引きつける

● 言葉の背景

アメリカ発の世界経済危機

　2008年に始まったアメリカ発の経済危機は、グローバリズムへの批判を一気に高めました。経済だけに頼った社会システムがいかにもろいか、アメリカ型資本主義がいかに格差社会を生み出してきたかを示す結果となったからです。

　uncertainty（不確実性）やrisk（リスク）が増し、世界がますます混沌とする中、金融の仕組みを根本から変え、人も企業も自分の周りに目を向ける必要があると主張し続けてきたのが、投資コンサルタント会社社長であり、エコノミストとしても活躍するキャサリン・オースティン・フィッツです。

まずは自らの足元を見つめよ

　フィッツのこの言葉には、in a way that creates energy for you and those around you（あなたと周りの人々のエネルギーを生み出す方法で）という文言が続きます。生活を守るものは、家族やコミュニティといった小さな単位の繁栄だというのがフィッツの主張です。さらにフィッツは、個人の道徳的判断がビジネスにもたらす影響力の大きさを説き、地球の裏側との取引より、自らの目の届く範囲でのビジネスを責任持って行うべきだと、1人1人に自覚を促します。

　日本でも、マーケットは、企業が誠実かどうか、社会的責任を果たしているか、モラルを持っているかといったことに、より厳しい目を向けるようになってきました。これからは、社会貢献活動や環境問題への取り組みがますます求められるようになるでしょう。こうした活動の是非を、収益という基準だけで判断する段階は終わりました。

　企業にも個人にもモラルが求められる時代になっていると言えるのではないでしょうか。

英語表現

"The greatest way to manage living in a world of greater uncertainty and risk is to focus on a positive purpose that attracts you."

manage ~は、「なんとかやる」という意味合いの動詞で、I managed to finish on time.(なんとか時間どおりに終わった)などという使い方をします。つまり、manage livingは「生活をなんとかやっていく」という意味。positive purposeのpositiveは、単に「前向きな」という意味だけでなく、「世のためになる」「人の役に立つ」といったニュアンスを含みます。

人物のエピソード

EPISODE Catherine Austin Fitts

アイスキャンディー指標を提案

フィッツは、フィラデルフィアで過ごした少女時代、よく近所の店まで1人でアイスキャンディーを買いに行ったそうです。ところが、現代のフィラデルフィアでは、子供を1人で買い物に行かせる大人はほとんどいないとか。フィッツは、ここから「近所の店に子供を安心してアイスキャンディーを買いに行かせる大人の割合」を「アイスキャンディー指標」と名付け、その割合が高い地域ほど、よりよい仕事とより高い収入を得られ、家の価値も高く、人々は幸せであると定義しました。フィッツは、株式市場に頼りすぎる現在のアメリカ経済界の傾向に警鐘を鳴らし、株価とは別の視点から経済状況を説いて多くの人々の支持を得ています。

Business Ethics 2

Well, you know, I was a human being before I became a businessman.

「そう、私はビジネスマンになる前、1人の人間だった」

George Soros（ジョージ・ソロス）⇒ *p.157*

ソロスの最大の関心は哲学にあります。インタビューで、ビジネスマンとしての経験が、哲学に関する活動にどう影響を与えたかと問われて、最初にこう言いました。

Business Ethics 3

It's easy to have principles when you're rich. The important thing is to have principles when you're poor.

「豊かなときに節操を守るのは簡単。大事なことは、貧しいときに節操を貫くことだ」

Ray Kroc（レイ・クロック）⇒ *p.41*

principleは、日本語で置き換えることが難しい言葉のひとつ。ここでは、「善悪の基準に基づいた節操」という意味ととらえるとよいでしょう。

Business Ethics 4

It is literally true that you can succeed best and quickest by helping others to succeed.

「他人の成功を助ければ、自分の成功もより早く大きなものなる。これこそ真実である」

Napoleon Hill（ナポレオン・ヒル）*1883-1970*
アメリカの作家。成功哲学の祖。

自らの成功のために他人を助ける。すぐには納得できないかもしれません。しかし、自分の行動が巡り巡って自分に返ってくることは、長年ビジネスの世界に身を置いてきた人であれば、気づいているのではないでしょうか。ヒルは、世界の鉄鋼王、アンドリュー・カーネギーから、500人以上の経営者に話を聞いて成功体系を構築すべしとの依頼を受け、それを完成させた人物。その言葉には重みがあります。

Business Ethics 5

Quality means doing it right when no one is looking.

「品質とは、誰も見ていないときにきちんとやることである」

Henry Ford（ヘンリー・フォード）⇒ *p.75*

do it right は「きちんとやる」という意味です。

Business Ethics 6

"Nearly all men can stand adversity, but if you want to test a man's character, give him power."

「ほとんどの人間は逆境には耐えられる。人格を試したいなら、権力を与えよ」

Abraham Lincoln（エイブラハム・リンカーン）*1809-1865*
アメリカの第16代大統領。

政治の世界にも、ビジネスの世界にも、権力を得たことで人が変わってしまった例はいくらでもあります。イギリスの歴史学者アクトンは、Power tends to corrupt, and absolute power corrupts absolutely.（権力は腐敗しがちである。絶対的権力は徹底的に腐敗する）と言いました。つまり、権力者は、自らの影響力が強まるにつれ、道義的感覚を失い、絶対権力者になれば、道義的感覚もなきに等しくなるという意味です。

Business Ethics 7

I came to understand that when the environment is destroyed, plundered or mismanaged, we undermine our quality of life and that of future generations.

「環境が破壊され、略奪され、間違った方法で管理されるとき、私たちだけでなく未来の世代の人生の質もむしばむことになると気づいた」

Wangari Maathai (ワンガリ・マータイ) *1940-*
ケニア出身の環境保護活動家。2004年にノーベル平和賞受賞。

ノーベル賞を受賞した際のスピーチの一節です。マータイは、When we plant trees, we plant the seeds of peace and seeds of hope. (木を植えることは、平和の種、希望の種を蒔くこと) というモットーのもと、アフリカ全土での植林活動を推進してきました。現代社会のインフラは、sustainable (持続可能) ではありません。私たちが生活の仕方や考え方を大きく変えざるを得なくなるのは、そう先のことではないでしょう。環境問題への関心は、もはや企業の「ポーズ」として利用されるものではなくなっています。

Business Ethics 8

The price of greatness is responsibility.

「偉大さの代償は、責任である」

Winston Churchill (ウィンストン・チャーチル) *1874-1965*
第2次世界大戦時のイギリスの首相。

政治家であり、ノーベル文学賞も受賞した作家でもあったチャーチルの、明快な至言です。

Business Ethics 9

> *I believe that every right implies a responsibility; every opportunity, an obligation; every possession, a duty.*

「私は、すべての権利には責任が、機会には義務が、所有には務めが含まれると思っている」

John Rockefeller（ジョン・ロックフェラー）*1839-1937*
アメリカの実業家。スタンダード・オイル社を創設、世界最大の石油会社に成長させた。

every opportunityとevery possessionの後ろにはそれぞれimpliesが省略されていると考えるとわかりやすいでしょう。成功には普通、2つのステップがあります。懸命に働き、そして権力や財を得る。しかし、現代に生きる私たちには、3つ目のステップが存在します。それは、成功して得たお金や権力を、なんらかの形で世界に還元することです。第3のステップを怠れば、成功者はただの破壊者になってしまいます。こうした状況を言い得たのが、アメリカの石油王、ロックフェラーの言葉です。その経営手法には批判もありましたが、彼は後年、慈善事業に力を注いだことでも知られています。

Business Ethics 10

Good manners are the lubricating oil of organizations.

「作法は組織の潤滑油である」

Peter Drucker（ピーター・ドラッカー）⇒ *p.51*

good mannerは「良いマナー、良いやり方、良い態度」。日本的な言い方をすれば「行儀」「礼儀」ということになるでしょうか。lubricateは「油をさす、なめらかにする」という意味の動詞。常に「効率」を説いてきたドラッカーの言葉としては少し意外かもしれませんが、油をささないと機械が壊れるように、礼節を欠いた態度は、どんな企業にとっても破壊を招く潜在力になるということです。

Business Ethics 11

It is never too late to stop being a corporate executive and begin to learn how to be useful.

「会社幹部を辞め、いかに人の役に立つかを考え始めるのに、遅すぎることはない」

Catherine Austin Fitts（キャサリン・オースティン・フィッツ）⇒ *p.167*

It is never too late 〜は、「（何かを始めるのに）遅すぎることはない」という意味で、人の背中を押すときによく言う表現。フィッツは「お金儲けだけを考える立場」の象徴としてcorporate executive（会社幹部）と言っているのでしょう。つまり、働く人間にも価値観の転換が必要な時代になっている、ということです。

Business Ethics 12

“I think if you look at people, whether in business or government, who haven't had any moral compass, who've just changed to say whatever they thought the popular thing was, in the end they're losers.

「ビジネスの世界でも政治の世界でも、道徳観を持たず生きてきた人、時流に合わせて発言を変えてきた人は、結局は失敗することがわかると思う」

Michael Bloomberg (マイケル・ブルームバーグ) *1942-*
第108代ニューヨーク市長。ブルームバーグ社創業者。

moral compassは、直訳すれば「道徳のコンパス」。つまり、自分の中の倫理基準、行動規範のようなものと考えるとよいでしょう。

Business Ethics 13

Be more concerned with your character than with your reputation. Your character is what you really are while your reputation is merely what others think you are.

「評判より、人柄を気にせよ。あなたの人柄は、あなたの本来の姿であるが、評判は、他人があなたをどう思うかにすぎない」

John Wooden (ジョン・ウドゥン) *1910-*
アメリカのバスケットボールチームのかつての名将。

コーチング・フィロソフィーを確立したウドゥンの言葉。reputation（評判）を気にするより、character（人格）の形成に力を注ぐべき、ということです。評判は、あとからついてくるものだから。

参考文献

◎ ***The Wiley Book of Business Quotations*** (Henry Ehrlich, John Wiley & Sons Inc., 2000)

◎ ***1001 Motivational Quotes for Success: Great Quotes from Great Minds*** (Thomas J. Vilord, Garden State Publishing, 2002)

◎ ***Lasting Leadership: What you can learn from the top 25 business people of our times*** (Mukul Pandyal, Robbie Shell, Susan Warner, Sandeep Junnarkar and Jeffrey Brown, Wharton School Publishing, 2004)

◎ ***The Forbes Book of Business Quotations: 14,173 Thoughts on the Business of Life*** (Ted Goodman, Black Dog & Leventhal Publishers, 2005)

◎ ***The Business of Changing the World*** (Marc Benioff and Carlye Adler, Mcgraw-Hill, 2006)

◎ ***Quote Junkie Business Edition: Quotes that every successful business person must read and use to guide them in their careers*** (Hagopian Institute, CreateSpace, 2008)

◎ 『**ウェルチはこうして組織を甦らせた—アメリカ・トップリーダーからの経営処方箋29**』
(ケン・シェルトン著、堀紘一訳／フロンティア出版／ 1999 年)

◎ 『**リチャード・ブランソン勝者の法則**』
(デス・ディアラブ著、山岡洋一、高遠裕子訳／ PHP 研究所／ 2000 年)

◎ 『**こんな生き方がしたい ココ・シャネル**』(実川元子著／理論社／ 2000 年)

◎ 『**ドラッカー 20 世紀を生きて—私の履歴書**』
(ピーター・ドラッカー著、牧野洋訳／日本経済新聞社／ 2005 年)

◎ 『**世界で最も偉大な経営者**』(ダイヤモンド社／ 2005 年)

◎ 『**世界を変えたビジネス思想家**』(ダイヤモンド社／ 2006 年)

◎ 『**リーダーシップ原論—名経営者24人の「自著」を読む**』
(江波戸哲夫著／プレジデント社／ 2008 年)

INDEX

人名索引

※ファミリーネームのアルファベット順に並んでいます。
※太字はClose-upのページです。

A
- *Allen, James* (ジェームズ・アレン) ……………………………………… 16
- *Ambani, Dhirubhai* (ディルバイ・アンバニ) …………… 16, 74, 105, 136
- *Andretti, Mario* (マリオ・アンドレッティ) ……………………………… 147
- *Angelou, Maya* (マヤ・アンジェロ) ……………………………………… 145
- *Ash, Mary Kay* (メアリー・ケイ・アシュ) ……… 17, **63**, 70, 111, 115, 162

B
- *Barker, Joel* (ジョエル・バーカー) ……………………………………… 126
- *Barrymore, John* (ジョン・バリモア) …………………………………… 27
- *Bennett, Arnold* (アーノルド・ベネット) ………………………………… 134
- *Bennis, Warren* (ウォレン・ベニス) …………………………………… 60
- *Bezos, Jeff* (ジェフ・ベゾス) …………………………………………… 89
- *Billings, Josh* (ジョシュ・ビリングス) …………………………………… 144
- *Blake, William* (ウィリアム・ブレイク) ………………………………… 101
- *Blanchard, Kenneth* (ケネス・ブランチャード) ………………………… 59
- *Bloomberg, Michael* (マイケル・ブルームバーグ) …………………… 177
- *Boetcker, William* (ウィリアム・ボエッカー) …………………………… 13
- *Branson, Richard* (リチャード・ブランソン) ……………………… **31**, 104
- *Brin, Sergey* (セルゲイ・ブリン) ………………………………………… 18
- *Brinkmann, Tracy* (トレイシー・ブリンクマン) ………………………… 35
- *Buxton, Charles* (チャールズ・バクストン) …………………………… 154

C
- *Carnegie, Andrew* (アンドリュー・カーネギー) ……………………… 45
- *Carnegie, Dale* (デール・カーネギー) ……………………………… 92, 162
- *Carter, Rosalynn* (ロザリン・カーター) ………………………………… 57
- *Chanel, Coco* (ココ・シャネル) ………………………… 90, **97**, 102, 154
- *Chopra, Deepak* (ディーパック・チョプラ) …………………………… 81
- *Churchill, Winston* (ウィンストン・チャーチル) ………………… 36, 91, 174
- *Clitheroe, Paul* (ポール・クリセロー) ………………………………… 46
- *Coffey, Paul* (ポール・コフィ) …………………………………………… 114
- *Covey, Stephen* (スティーブン・コヴィー) …………………………… 59
- *Cromwell, Oliver* (オリバー・クロムウェル) …………………………… 131

D

- *Davis, Belva* (ベルヴァ・デイヴィス) ……………………………………………29
- *Dell, Michael* (マイケル・デル) ……………………………………………37
- *Disney, Walt* (ウォルト・ディズニー) …………………… **21**, 37, 96, 121, 136
- *Downs, Hugh* (ヒュー・ダウンズ) ……………………………………132
- *Drucker, Peter* (ピーター・ドラッカー) 38, 39, **51**, 58, 69, 80, 84, 124, 145, 176
- *Durant, William* (ウィリアム・デュラント) …………………………………164

E

- *Edison, Thomas* (トーマス・エジソン) ……………………………………113
- *Einstein, Albert* (アルバート・アインシュタイン) ………………………38, 165
- *Eisenhower, Dwight* (ドゥワイト・アイゼンハワー) ……………………………60
- *Ellington, Duke* (デューク・エリントン) ……………………………………96
- *Emerson, Ralph Waldo* (ラルフ・ウォルド・エマーソン) ……………………103

F

- *Fitts, Catherine Austine* (キャサリン・オースティン・フィッツ) ……… **167**, 176
- *Forbes, Malcolm S.* (マルコム・S・フォーブス) ……………… 15, 79, **107**
- *Ford, Henry* (ヘンリー・フォード) ………… 14, 50, 68, **75**, 91, 95, 115, 172
- *Franklin, Benjamin* (ベンジャミン・フランクリン) ……………………………122
- *Fuller, Buckminster* (バックミンスター・フラー) …………………………83

G

- *Garns, John Seaman* (ジョン・シーマン・ガーンズ) ………………………58
- *Gates, Bill* (ビル・ゲイツ) ……………………… **9**, 90, 135, 143, 147, 165
- *Geffen, David* (デイヴィッド・ジェフェン) …………………………………47
- *Goethe, Johann Wolfgang von* (ヨハン・ヴォルフガング・フォン・ゲーテ)
  ……………………………………………………………25, 27, 123
- *Ghosn, Carlos* (カルロス・ゴーン) ………………………………56, **85**
- *Greenleaf, Robert* (ロバート・グリーンリーフ) ………………………………55

H

- *Half, Robert* (ロバート・ハーフ) ……………………………………112
- *Hill, Napoleon* (ナポレオン・ヒル) …………………………………13, 25, 172
- *Hirschfield, Al* (アル・ハーシュフィールド) ……………………………114
- *Hubbard, Elbert* (エルバート・ハバード) …………………………94, 163
- *Hunt, H. L.* (H・L・ハント) ……………………………………………81

I

- *Iacocca, Lee* (リー・アイアコッカ) …………………………… 67, **117**, 126
- *Irving, Washington* (ワシントン・アーヴィング) ………………………………30

J

- *Jobs, Steve* (スティーブ・ジョブズ) ……………………………55, **149**, 156

K

- *Kaiser, Henry* (ヘンリー・カイザー) …………………………………………35
- *Kanter, Rosabeth Moss* (ロザベス・モス・カンター) ………………………61

K
- *Kennedy, John F.* (ジョン・F・ケネディ) ……………… 142
- *Kiam, Victor* (ヴィクター・キアム) ……………… 39
- *King, Mary-Claire* (メアリー・クレール・キング) ……………… 164
- *Kissinger, Henry* (ヘンリー・キッシンジャー) ……………… 28
- *Kiyosaki, Robert* (ロバート・キヨサキ) ……………… 80, 82
- *Kroc, Ray* (レイ・クロック) ……………… **41**, 62, 123, 171

L
- *Lincoln, Abraham* (エイブラハム・リンカーン) ……………… 173
- *Lombardi, Vince* (ヴィンス・ロンバルディ) ……………… 61, 92
- *Lucas, George* (ジョージ・ルーカス) ……………… 113
- *Lynch, Peter* (ピーター・リンチ) ……………… 94

M
- *Maathai, Wangari* (ワンガリ・マータイ) ……………… 174
- *Mackworth, Norman* (ノーマン・マックワース) ……………… 104
- *Mandino, Og* (オグ・マンディーノ) ……………… 93, 134
- *Marriott Jr., J.W.* (J・W・マリオット・ジュニア) ……………… 71
- *McCullough, David* (デイヴィッド・マックロウ) ……………… 20
- *Merkel, Angela* (アンゲラ・メルケル) ……………… 141
- *Mingus, Charles* (チャールズ・ミンガス) ……………… 102
- *Murdoch, Rupert* (ルパート・マードック) ……………… 148

N
- *Nader, Ralph* (ラルフ・ネーダー) ……………… 56

O
- *Orman, Suze* (スージー・オーマン) ……………… 49
- *Ovid* (オーヴィッド) ……………… 155
- *Ozick, Cynthia* (シンシア・オジック) ……………… 103

P
- *Pasteur, Louis* (ルイ・パスツール) ……………… 29
- *Patton, George S.* (ジョージ・S・パットン) ……………… 72
- *Peale, Norman Vincent* (ノーマン・ヴィンセント・ピール) ……………… 18, 93, 132
- *Peck, M. Scott* (M・スコット・ペック) ……………… 155
- *Peter, Laurence* (ローレンス・ピーター) ……………… 36, 166
- *Peters, Tom* (トム・ピーターズ) ……………… 62
- *Powell, Colin* (コリン・パウエル) ……………… 14
- *Proctor, Bob* (ボブ・プロクター) ……………… 47, 124

R
- *Riccoboni, Marie Jeanne* (マリー・ジャンヌ・リコボニ) ……………… 45
- *Robbins, Anthony* (アンソニー・ロビンズ) ……………… 79, 82
- *Rockefeller, John* (ジョン・ロックフェラー) ……………… 175
- *Rogers, Will* (ウィル・ロジャース) ……………… 20, 121

R	*Rohn, Jim* (ジム・ローン)	67
	Roosevelt, Eleanor (エレノア・ルーズベルト)	153
	Roosevelt, Theodore (セオドア・ルーズベルト)	122
	Rumi (ルミ)	111
S	*Schwab, Charles M.* (チャールズ・M・シュワブ)	46, 73
	Schweitzer, Albert (アルベルト・シュバイツァー)	15
	Shaw, George Bernard (ジョージ・バーナード・ショー)	40, 105, 125, 163
	Silva, Jose (ホセ・シルヴァ)	49
	Soros, George (ジョージ・ソロス)	**157**, 171
	Spielberg, Steven (スティーヴン・スピルバーグ)	26
	Szent-Gyorgyi, Albert (アルベルト・セント・ジョルジ)	106
T	*Taber, Gladys* (グラディス・テイバー)	156
	Tracy, Brian (ブライアン・トレイシー)	28, 68, 133
	Trump, Donald (ドナルド・トランプ)	116
U	*Updike, John* (ジョン・アップダイク)	106
V	*Valéry, Paul* (ポール・ヴァレリー)	26
	Vanderpoel, Robert P. (ロバート・P・ヴァンデルポール)	146
W	*Waitley, Denis* (デニス・ウェイトレー)	19, 83
	Warhol, Andy (アンディ・ウォーホル)	141
	Watson, Thomas J. (トーマス・J・ワトソン)	17, 153, 161
	Wattleton, Faye (フェイ・ワトルトン)	57
	Welch, Jack (ジャック・ウェルチ)	69, 72, 89, **137**, 144, 146
	Wilde, Stuart (スチュワート・ワイルド)	48
	Winfrey, Oprah (オプラ・ウィンフリー)	50
	Wooden, John (ジョン・ウドゥン)	178
	Woods, Tiger (タイガー・ウッズ)	131
Y	*Yates, Linda* (リンダ・イエーツ)	48
	Yunus, Muhammad (ムハマド・ユヌス)	**127**
Z	*Zappa, Frank* (フランク・ザッパ)	101
	Ziglar, Zig (ジグ・ジグラー)	70, 95, 112, 133, 135, 142, 161

■著者紹介

デイビッド・セイン　*David Thayne*

米国生まれ。著書は『その英語、ネイティブにはこう聞こえます』(主婦の友社)、『英語ライティングルールブック』(DHC)など80点以上。現在、英語を中心テーマとしてさまざまな企画を実現するエートゥーゼット (http://www.english-live.com) を主宰。エートゥーゼット英語学校校長も務める。

佐藤 淳子　*Junko Sato*

旅行業界誌副編集長を経て、フリーランスに。旅行、語学の分野を中心に執筆および編集を手がける。ライター集団PRESSWORDSのメンバーとしても活動。著書に『単語でカンタン! 旅行英会話』(Jリサーチ出版)、『敬語の英語』(デイビッド・セイン氏との共著/ジャパンタイムズ)などがある。

カバーデザイン	滝デザイン事務所
本文デザイン/ DTP	Dice Design (土橋公政)

J新書④
世界のトップリーダー英語名言集　BUSINESS

平成21年(2009年)2月10日発売　初版第1刷発行

著者	デイビッド・セイン/佐藤淳子
発行人	福田富与
発行所	有限会社　Jリサーチ出版
	〒166-0002　東京都杉並区高円寺北2-29-14-705
	電話 03 (6808) 8801 (代)　FAX 03 (5364) 5310
	編集部 03 (6808) 8806
	http://www.jresearch.co.jp
印刷所	日経印刷株式会社

ISBN978-4-901429-83-2　禁無断転載。なお、乱丁・落丁はお取り替えいたします。
© David Thayne, Junko Sato 2009 All rights reserved.